행동이 실력이다

행동이 실력이다

행동이 실력이다

67세 현역 사업가
청담캔디언니가
들려주는 성공의 비결

함서경 지음

달란북

You can do it,

She can do it,

Why not me?

"매일 칭찬을 해요. 너 참 잘 살고 있어.

너 고생했어, 잘했어. 잘 살아온 거야 이만하면.

칭찬을 많이 해주고 토닥토닥 해주고, 쓰담쓰담 해주고.

힘들었지, 고생했지? 이렇게 위로해 주고.

위로를 받아보지 못했잖아요.

유럽을 다니고 무역을 하면서 울면서 다녔어요.

너무 힘들어서. 언어도 안 되고, 새로운 문화에,

그것도 돈도 없이 새로운 길을 개척한다는 게

너무 두려웠거든요.

그런데 집에 와서 엄마한테도,

형제한테도 말을 안 했어요. 걱정할까 봐.

힘든 건 나만 힘들면 되잖아.

그래서 이런 경험 때문에

내가, 나라도 나를 위로해 주고 살아야겠다.

이런 생각을 많이 하는 것 같아요.”

2025년 말, 내 유튜브 채널에 올라갈 영상을 찍다가 나도 모르게 눈물이 쏟아졌다. 2026년 이제 67세, 하루 종일 치열하고 바빴던 20대, 30대를 지나 어느새 눈 깜짝하고 나니 이런 나이가 되었다. 그런데 60대가 될 때까지도 나는 정작 나를 돌아볼 생각은 아예 안 하고 살았다. 머릿속에 있는 건 오로지 오늘, 내가 해야 할 일, 그리고 눈앞에 놓인 현실뿐이었다.

그런데 SNS를 시작하면서 과거의 경험담을 들려주는 콘텐츠를 만들게 되니 자꾸만 옛날의 나를 꺼내 들취봐야 했다. 그게 생각보다 힘들고 괴로웠다. 잊고 살려고 애써서인지 이제는 기억조차 나지 않을 만큼 까맣게 지워진 시간들이었지만, 어쩔 수 없이 그때의 나를 꺼내야 했다. 지나온 나를 들여다보지 않고는 앞으로 나아갈 수 없었으니까.

사람들이 기억하는 나는 언제나 씩씩하고 당당하고, 도전적이며 앞서가는 여장부다. 하지만 내가 기억하는 나는 다르다. 항상 두려움에 떨며 안절부절못하던 사람, 겁이 많아서 지금도 누가 기척 없이 문을 열면 깜짝 놀라 가슴을 쓸어내리는 사람이 바로 나다.

그런 겁쟁이가 고작 스무 살이 조금 넘은 나이에 가장이 되어 식구들을 먹여 살리겠다는 사명으로 이 일저 일 가리지 않고 뛰어들었고, 그러다 보니 어느새 사업가가 되었다. 낮에는 짐짓 대범하고 강단 있게 거래처와 공장장들을 상대했지만 타고난 성정이 드세거나 강인하지 못하다 보니 늘 번아웃 상태나 다름없었다. 사기, 실패, 배신, 하루아침에 내가 쌓은 모든 게 무너질

수 있다는 공포가 매 순간 엄습했다. 그럼에도 멈추지
는 않았다. 도망치지도, 누군가에게 기대지도 않았다.
그저 하루하루를 버틸 뿐이었다. 그랬더니 그 하루들이
쌓여 지금의 내가 되었다.

강원도 시골의 두 평짜리 옷 가게 주인으로 시작해
동대문 의류 도매 사업가가 되었고, 보따리 무역상이
되었고, 나아가서는 유럽 원단을 대기업에 공급하는 어
엿한 무역 사업가가 되었다. 지금은 그 경험을 토대로
약 42만 명의 팔로워에게 조언을 나누는 인플루언서다.

엄청난 부자나 성공한 기업인을 보면서 사람들이 가
장 흔히 하는 말 중 하나가 '원래'다. '저 사람 원래 똑
똑해', '저 사람이니까 했지'. 내 콘텐츠에도 가끔 '원래
수완이 좋았겠지요', '원래 돈이 많았겠지요' 같은 댓글
이 달리곤 한다. 하지만 나 역시 때로는 모든 걸 그만두
고 싶고, 걸핏하면 주저앉아 엉엉 울었을 만큼 평범하
고 미숙한 사람이었다. 그럼에도 나는 '포기'라는 말이
턱 끝까지 차오를 때면 항상 이런 말을 떠올렸다.

'You can do it, She can do it, Why not me?'

누군가가 했다면 나도 할 수 있어, 해보고 포기해도 늦지 않아. 그런 생각을 하며 눈물을 닦고 스스로를 다시 일으켜 세웠다. 나의 이야기를 들은 사람들도 다시 용기를 내보면 좋겠다는 마음에, 처음으로 나의 그늘을 고백해 보려 한다.

'청담캔디언니도 산전수전, 실패를 몇 번이나 겪고도 이겨내고 성공했잖아. 나도 할 수 있어'라고 마음먹을 수 있도록. 일이 뜻대로 되지 않아서 우울한 당신도, 혹시 실패할까 봐 불안해 아무것도 시작하지 못하고 있는 당신도 용기를 내길 바라며.

공이 안 들어가면 포기하는 사람, 100번을 다시 던지는 사람

요즘은 잠자리에 들기 전 반드시 스스로에게 이런 질

문을 던진다.

'오늘은 이만하면 행복했나? 잘 살았나?'

어른들 말씀에 50대는 50km로 가고 60대는 60km로 간다더니, 정말 나이가 들수록 시간의 속도가 빨라진다는 걸 체감한다. 이렇게 귀한 하루하루를 낭비하지 않고 후회 없이 살고 싶다는 생각에, 적어도 1년 후 '67세에 나는 왜 이렇게 살았을까?'라며 후회하지 않기 위해 요즘 나는 나의 매일을 점검한다.

그렇다면 후회 없이 사는 방법은 무엇일까? 살아보니, 그것은 '무엇이든 실행하고, 시도하고, 도전하는 것'이다. 저지르는 것이다. 아무것도 하지 않으면 '그때 해볼걸 그랬다' 하는 아쉬움이 남는다. 하지만 시도하면 실패한다 해도 '잘했어, 그 순간에 난 최선의 선택을 한 거야'라고 스스로를 위로할 수 있다. 실패한 시도에서 배운 것들은 모두 내 안에 경험치로 남고, 그 경험치를 발판 삼아 새로운 성공을 도모할 수도 있다.

2022년부터 '청담캔디언니'로 살며 외부 강의를 다

니고, 원데이클래스도 하면서 정말 수많은 사람을 만났다. 인스타그램 DM으로, 대면으로 여러 사연을 들었다. 그 한 명 한 명에게 이야기를 들으며 느낀 것이, 이 많은 사람 중 99%가 생각만 할 뿐 행동으로 옮기지 않는다는 것이었다. 비유하자면 공을 한 번 던졌는데 골대에 안 들어가면 한참 동안 의기소침해 있다가 포기해버리는 식이다.

그렇다면 성공하는 사람들은 어떨까? 이들은 공을 던졌다가 안 들어가도 다시 던지고, 끈질기게 또 다시 던진다. 이런 사람들은 시간이 오래 걸릴 뿐 언젠가는 마침내 성공해 낸다. 이중 실패하면 포기하는 사람이 99%다. 틀려도, 실패해도 포기하지 않고 계속 시도하는 사람은 단 1%밖에 되지 않는다. 이것이 아무나 성공할 수 없는 이유다. 행동이 실력이다.

아무리 동기부여 책을 많이 읽고, 강의를 들어도 그 순간에만 '아, 맞아' 하고 공감할 뿐, 대부분의 사람들은 뒤돌아서 나오는 순간 다 잊어버린다. 그리고 원래의 패턴으로 돌아간다. 두려움이 너무 커서 한 발짝도 떼지 못하는 것이다.

사실 해결 방법은 간단하다. 목표를 쪼개면 된다. 예를 들어 부자가 되고 싶다면, '나는 부자가 되겠다'는 목표를 세우지 말고 '투자로 10만 원을 벌겠다'라는 아주 작은 목표를 세우고 일단 주식을 한 주라도 사보는 것이다. 주식 한 주를 사보는 사소하고 작은 행동에서 '부자 되기'가 시작된다.

누구의 인생도 평탄하기만 한 길은 없다. 돌부리에 걸려 넘어지기도 하고, 예고 없이 태풍을 맞기도 한다. 나 또한 실수, 실패, 시행착오를 많이도 겪고 자주 울었다. 한남동 유엔빌리지에 살던 시절에는 퇴근길마다 집에 올라가는 중턱, 한강이 내려다보이는 언덕에서 거의 매일 주저앉아 울었다. 아무도 없는 그 자리에서 꺼이꺼이 눈물을 쏟아냈다.

술이라도 마실 줄 알면 조금은 위로가 될 텐데 나는 그런 방법도 몰랐다. 그렇게 한참을 울고 나서야 숨이 조금 쉬어졌다. 그러고 나면 그제야 저 멀리 삼성동 무역센터와 강남의 불빛들이 보였다. 그 불빛들을 보며 나는 스스로에게 말을 걸었다.

'너는 스물일곱 살에 단돈 500만 원 들고 서울에 와서 지금은 저 높이 솟아 있는 무역센터 34층에 사무실을 두고 있지 않니. 멋지게 여기까지 왔잖아.'

그러면서 스스로를 다독이는 것이다. 할 수 있어, 초심으로 돌아가자, 다시 해보자. 이 말을 나는 인생에서 수십 번도 넘게 되풀이했다. 애써 어제의 실수는 잊고, 오늘의 나를 다시 일으켜 세웠다. 그러면 된다. 결국은 골대에 공이 들어갈 때까지.

오늘까지 살아온 것은 잊어버리자. 지금까지 이룬 게 없다고, 가만히 앉아 뭘 했느냐고 스스로를 탓하는 건 그만두자. 과거에 매몰되어 자신을 채찍질하거나 탓하면 내일로 나아가지 못한다. 오늘까지의 일은, 이 챕터는 이미 끝났으니 이제 접어두자고 마음먹고 새로운 챕터를 어떻게 써나갈 것인가 고민하는 것이다. 그렇게 한번 힘차게, 씩씩하게 살아보자. 무엇이든 용기를 내고 실행해 보자. 청담캔디언니와 함께!

2026년 3월

청담캔디언니 함서경

20대,
강릉 시내에서, 상경해
명동 한복판에서
옷 가게를 하다

30대,
일본과 홍콩, 싱가포르
그리고 유럽에서
의류를 수입하는
무역업자가 되다

40대,
IMF라는 위기를
뛰어넘고
다시 한번 사업가로
우뚝 서다

50대,
영어도서관을
설립하고
한류 에어비앤비를
운영하다

60대,
'청담캔디언니'라는
이름으로
인플루언서가 되다

지금도
쉬지 않고
꿈을 꾸며
행동하다

PART 1

생각이 너무 많아
불안한 당신에게

"나중에 70살이 되었을 때,

80살이 되었을 때 엄마는 뭘 후회할 것 같아?"

쿵 머리를 얻어맞은 것 같았다.

10년이 지나고 20년이 지나서

지금을 돌아보면 어떤 생각을 할까?

그때라도 바꿔야 했다고,

왜 아무것도

바꾸려 하지 않았느냐고 후회하지 않을까?

내 인생은 정말
꽃봉오리에서 끝나는 걸까?

'나는 오늘 행복했나? 오늘 정말 후회 없게 살았나?'

여느 때와 같이 저녁 산책을 하던 그날, 나는 삼성동 코엑스를 올려다보며 짧은 탄식을 뱉었다. 새카만 하늘과 대조되게 반짝이는 불빛들, 그 안에서 분주히 돌아다니는 사람들. 평소의 나였다면 거기서 내일도 열심히 살아갈 에너지를 받고 돌아왔을 텐데, 그날은 이상하게도 극심한 피로감과 허탈함이 밀려왔다.

무역센터에 사무실을 두었던 시절, 날마다 코엑스 옥

상에 올라가 꺼이꺼이 울던 30대의 내가 겹쳐 보였는지도 모르겠다. 옛날에는 삶의 포커스가 온통 내일에, 미래에 가 있었다. '10년, 20년이 지나면 지금의 고생이 행복으로 돌아오겠지'라는 생각을 하며 숨 쉴 틈조차 없는 오늘을 버티고 또 비슷한 내일을 맞이했다. 하지만 그로부터 30년이 지났는데도 내 삶은 여전히 '행복'과는 거리가 먼 것 같았다.

나는 20대에 소녀 가장이 되었다. 아버지는 갑작스럽게 돌아가셨고, 설상가상으로 어머니는 패혈증으로 몸져 누우셨다. 원래도 넉넉하지 않은 집이었지만 가세가 확 기울 수밖에 없었다. 어머니의 병원비와 언니, 오빠 동생…… 우리 식구들의 생활비를 대려면 죽자 사자 일해야 했다. 그렇게 20대는 가장으로, 30대는 직원들의 생계를 책임져야 하는 사장으로, 40대는 누군가의 아내이자 뒤늦게 얻은 아이의 어머니로 인생을 보냈다. 내가 짊어져야 하는 역할의 무게는 점점 커져만 갔다.

삶이라는 게 나이를 먹어 결혼을 하고, 자식을 낳아

키우다 보면 멈출 때도 있는데, 왜 나에게는 한시라도 숨 돌릴 틈이 없는지 신기할 정도였다. 일요일도 없이 스스로를 혹사하며 앞만 보고 살았다. 결혼을 해서도, 자식을 낳고서도 나를 돌아볼 생각은 하지 않고, 나를 위해 산 적이 없는 것 같다. 그러고 정신 차려보니 어느새 나는 60세가 넘어 있었다. 문득 삶이 사무치도록 피로하게 느껴졌다. 이제는 이 질문을 던져야만 할 때인 것 같았다.

'도대체 내가 진정으로 원하는 삶은 무엇일까? 난 앞으로 어떻게 살아야 할까?'

사는 게 아니라
살아내는 게 인생이었다

20대, 30대, 40대 그리고 60대까지도 인생에서 힘들지 않았던 순간은 단 한 번도 없었던 것 같다. 내게 인생은 곧 생존을 위한 몸부림이었다. 살아내야 하는 것이지, 그냥 살아지는 게 아니었다.

강릉 시골에서 조그마한 옷 가게를 하다 상경해 명동 알짜배기 땅에서 장사를 하고, 우리나라 옷 장사들이 다 모이는 동대문에서 도매업을 하고, 서른한 살이라는 젊은 나이에 코엑스에 어엿한 무역업체 사무실을 내고…… . 화려한 이력만 들으면 나의 삶은 풍요롭고, 자신감 넘치고, 승승장구했을 것만 같지만 실상은 돈을 벌기 위한 몸부림에 가까웠다. 우아한 백조가 수면 밑에서는 쉴 틈 없이 헤엄을 치고 있는 것처럼, 보이지 않는 곳에서 진땀을 흘리고 눈물을 훔쳐야 했다.

그래서 30대 때 내가 가장 많이 간 곳은 집과 회사를 빼면 아마 코엑스 옥상일 것이다. 코엑스 옥상에는 주차장이 있는데, 잘 알려지지 않아서 옥상에 차를 대는 건 대부분 입주사 사람들뿐이었다. 그래서 옥상까지 올라오는 사람도 드물었다. 가슴이 답답할 때면 비상계단으로 올라가 아무도 없는 옥상에서 무너지듯 울었다.

직원이 생기고, 먹여 살려야 할 사람이 늘면서 그만큼 책임도 무거워졌다. 하지만 아슬아슬하게 외줄을 타는 것 같은 회사 상황은 여전해서, 갑자기 회사에 일이 터지거나 자금 흐름이 막혀 이번 달 월급을 제대로 줄 수 있을지 막막해질 때가 한두 번이 아니었다. 그럴 때면 버거울 정도의 책임감과 부담감이 나를 옥죄었다.

그때 내 나이는 고작 삼십대 초반, 지금 기준으로 보면 '아기'에 가까운 나이다. 그렇지만 직원들 앞에서는 울 수도, 흔들리는 모습을 보일 수도 없었다. 그래서 내가 갈 곳은 코엑스 옥상밖에 없었다. 보는 눈 없는 그곳에서 꺼이꺼이 소리를 내어 바다가 파도를 치듯 눈물을 쏟아냈다. 그러다가 "함 사장, 거기서 뭐해?" 하며 같은 건물에 사무실을 둔 다른 사장님들이 올라오면 언제 그랬냐는 듯이 얼른 눈물을 닦아내고 아무렇지 않은 척 일터로 복귀하곤 했다.

내가 느끼는 이 두려움과 공포, 버거움을 누구에게든 고백하고 싶어도 말할 곳이 없었다. 그때만 해도 이제 갓 사업을 시작한 초짜였던지라 인맥이랄 게 없었다. 어머니나 형제자매들에게도 말하지 않았다. 사업을 하는 이상 어차피 피할 수 없는 일이고 내가 선택한 것이니, 그냥 나 혼자 힘들면 된다고 생각했다. 그 선택이 나를 더 단단하게 만들었는지는 모르겠지만, 아주 외롭게 만들었던 것은 분명하다.

'못 다 핀 꽃 한 송이' 같던
나의 삶

사실 내게는 결혼 생각이 별로 없었다. 아버지와 어머니는 그 옛날 분들인데도 내게 결혼하라는 소리를 한 번도 하신 적이 없다. 이모 역시도 신랑을 데리고 인사하러 갔더니 "싱글 라이프가 이렇게 좋은데 왜 결혼을 하려 하니?"라는 반응을 보일 정도로 우리 집안 사람들은 몇 살에는 꼭 결혼을 해야 한다든가, 아이를 낳아야 한다는가 하는 사회적 통념과는 거리가 멀었다.

그러다 어쩌다 인연이 되어 마흔둘에 지금의 남편과 결혼해 마흔셋에 아이를 낳았다. 나는 1959년생이다. 내가 젊을 때만 해도 여자들은 20대 초반이면 결혼을 해 아이를 낳던 시절이었다. 내 또래들이 이제 손주를 볼 준비를 하던 나이에 나는 아이를 낳은 셈이다. 아이가 여덟 살이 되어 초등학교에 갔더니 선생님들도, 다른 아이 학부모들도 나에게 깍듯하게 배꼽 인사를 했다. 그들은 당연히 내가 할머니인 줄 알았다. 우리 집에 냉장고나 세탁기를 수리하러 오는 분들도 아이를 보고서 "며느님은 직장에 가셨나 봐요"라고 말할 정도로 나는 남들보다 한참 늦게 아이를 낳았다.

이는 안 그래도 앞만 보고 달리던 내가 더욱더 독하게 달리게 된 계기가 되었다. 아이에게 어떤 핸디캡이 되고 싶지 않았다. 다른 친구들의 젊은 엄마와 자기 엄마를 비교하며 '우리 엄마는 왜 이렇게 나이가 많지' 하며 주눅 들지 않기를 바랐다. 그래서 멋있는 엄마가 되겠다고 마음을 먹은 것이다. '우리 엄마는 친구들 엄마보다 나이는 많지만, 그래도 훨씬 더 멋있는 엄마야', '우리 엄마는 이런 사람이야' 하고 자랑할 수 있는 엄마가 되겠다고 결심했다. 나는 초등학생인 아이에게 보란 듯이 공약을 걸었다.

"지홍아, 엄마는 예전에도 TV에 나온 적이 있거든? 앞으로 너랑 살면서 10년에 한 번씩 매스컴에 나올게. 그 정도로 엄마가 괜찮은 사람이라는 걸 알게 해줄게."

그때까지만 해도 자신만만했다. 젊은 나이에 맨손으로 사업을 일궈내고, 성공한 여성 사업가로서 신문에도 나고, 방송에도 출연한 나였다. 부도라는 죽을 고비가 몇 번이나 찾아왔지만 번번이 넘어섰고, 위기를 기회로 만든 적도 더러 있었다.

하지만 60세가 넘어 돌아보니 내 삶은 못 다 핀 꽃 한 송이 같았다. 이제 막 피어나려 하는데 IMF로 한 차례 꺾이고, 겨우 회복해 다시 피어나려 했더니 결혼과 출산을 한 여성이라면 부닥칠 수밖에 없는 어려움이 찾아왔다. 아내가 남편보다 잘나가면 안 되는 것처럼 여기는 당시의 사회 분위기, 나와 전혀 다른 환경을 가진 사람들과 맞춰서 살아가야 하는 과제…….

어느덧 내 삶은 천천히 옆으로만 기어가고 있는 것 같았다. 그것도 내가 아닌, 누군가에게 맞춘 타인의 삶을 사느라. '오늘 행복했나?'라는 질문에 2020년의 나는 결코 그렇다고 대답할 수 없었다.

내가 고른 삶은
흔들려도 설렌다

내가 인생에 회의를 느끼던 그때, 열아홉 살이던 아들은 한창 '질문 수업'을 다니고 있었다. 절친했던 지인이 아들을 좋게 봐주신 덕에, 프랜차이즈 대표님들끼리 듣는 프라이빗한 리더 질문 수업에 불러주신 것이다. 직원에게 꼬리에 꼬리를 무는 질문을 통해 비전을 제시하는 법을 알려주는 강의라고 했다. 아들은 어느 날 수업에 다녀온 뒤 나에게 진지하게 이리 와서 앉아보라고 했다. 그러고서 연신 질문을 던졌다.

"엄마가 진정으로 원하는 삶이 뭐야?"

"그럼 그 삶을 이루는 데 지금 방해가 되는 건 뭐야?"

"그걸 해결하는 방법은 뭘까? 그 방해 요소를 완전히 잘라내고 차단할 수 있는 거야?"

진지한 아들의 질문과 어리둥절한 나의 답변은 한두 시간 동안 계속 이어졌다. 아마도 그때의 나는 내 삶에 지쳐 있었던 것 같다. 사회 분위기상 결혼한 후부터는 어느 정도 사회가 요구하는 여성상에 맞추고 살 수밖에 없는데, 스무 살 때부터 인생을 개척하고 살았던 내게 는 그것이 유독 견디기 어려웠다. 또 끝없이 앞으로 나 아가고 위로 발전하는 삶만 살다가 지지부진, 옆으로만 가는 삶도 내게는 무기력을 불러오는 큰 요소였다.

타고나기를 워낙 체력이 약하고, 몸도 병약하기에 더 그랬던 것 같다. 심지어 심할 때는 내 삶 자체가 다 쓸 모가 없다는 생각까지 들기도 했다. 그런 나의 우울과 무기력을 아들이 알아보고, 수업에서 배운 질문을 던져 준 것이다.

"나중에 70살이 되었을 때, 80살이 되었을 때 엄마는 뭘 후회할 것 같아?"

쿵 머리를 얻어맞은 것 같았다. 10년이 지나고 20년이 지나서 지금을 돌아보면 어떤 생각을 할까? 그때라도 바꿔야 했다고, 왜 아무것도 바꾸려 하지 않았느냐고 후회하지 않을까? 그 질문이 '청담캔디언니'가 탄생하는 계기이자 함서경, 내 인생의 터닝포인트가 되었다.

나는 죽는 날까지
내 이름으로 살고 싶다

사실 결혼 전 나는 굉장히 독립적인 사람이었다. 계기는 아마도 내 건강 때문이었던 것 같다. 어려서부터 신장이 약했던 나는 병원을 자주 들락거리곤 했는데, 그중에서도 골치를 썩인 병이 신우염이었다. 신우염이 생기면 체온이 40도까지 오를 만큼 열이 펄펄 나서 어쩔 수 없이 병원 신세를 져야 한다.

어느 날도 신우염이 도져 병원에 입원해야 할 처지가 되었다. 퇴원한 지 그리 오래되지도 않아서였다. 나를 병원까지 데려다주는 오빠의 뒷모습을 보며 덜컥 두려움이 생겼다. 긴 병에 효자 없다는 말도 있는데, 가족들이 언제까지 내 아픔에 공감을 해주고, 걱정해 주고, 보살펴줄까? 잘못하면 내가 내 가족의 천덕꾸러기가 될지도 모르겠다. 그 위기감이 내 인생에 걸쳐 독립심을 크게 키워준 계기였다.

'내 돈은 내가 벌고, 내 통장에 있는 돈으로 살겠다. 만약에 결혼을 하고 아이를 낳더라도 절대로 남편에게, 자식에게 의지하고 살지는 말아야지.'

오죽하면 몸에 작은 근종이 생겨 떼어내는 수술을 했을 때도 남편, 아들 그 누구에게도 오지 말라고 했다. 내 인생은 나 스스로 책임져야 한다는 각오가 있었던 것이다.

그래서 "엄마가 진정으로 원하는 삶이 뭐야?"라는 아

들의 질문에 가장 먼저 떠오른 답은 '주체적인 삶'이었다. 500억 원, 1000억 원을 버는 삶이 아니라, 시골에 가서 바닷가에 초가집을 짓고 살더라도 내가 주인이 되는 삶, 내 마음이 편한 삶을 살고 싶었다.

삶의 주인으로 살 때는 매일 아침이 설렜다. 그렇다고 역경이 없고, 힘든 날이 하나도 없었겠는가. 이렇게 고통스러울 수 있나? 인생의 문제가 어쩜 파도처럼 끝없이 밀려올까? 그런 생각이 드는 순간들에도, 심지어 IMF가 닥쳤을 때조차도 빨리 아침이 되길 바라며 잠에 들었다. '와, 차라리 죽어야 하나' 싶을 만큼 미치겠는 상황이 있어도 설레는 건 다른 문제였다. 누가 시킨 게 아니라 내가 선택한 삶이기 때문이었다. 내가 선택한 삶이니 고통조차도 겸허히 받아들이는 것이다. 그러고 넘어가면 된다. 하지만 주인이 되지 않는 삶은 그렇지 못했다. 죽는 날까지도 당당하고 주체적으로 살고 싶었는데, 나는 어느 새인가부터 아이에게, 남편에게, 사회의 통념에게 끌려 다니고 있었다.

소비자의 삶에서 다시
생산자의 삶으로

사업을 하던 시절은 매일 정신없이 뛰어다니느라 걸핏하면 식사를 거르는 건 물론이고, 잠도 몇 시간 자지 못했다. 그마저도 절반은 눈 뜨고 자야 할 만큼 불안감이 컸지만 하루하루가 설렜다. 하지만 지금은 충분히 잘 자고, 잘 먹고, 남들이 보기엔 더할 나위 없는 삶을 살고 있는데도 우울하고 무기력하다. 무슨 차이가 있을까? 곰곰이 생각해 보다가 떠오른 것이 '생산자의 삶'이었다.

나는 삶의 대부분을 일을 하고, 사업을 하며 살아온 사람이다. 소비자가 아니라 생산자로, 어딘가에 쓸모가 있는 사람으로 살아왔다. 오늘보다 내일이, 내일보다 모레 더 성장하는 사람이 젊은 날의 함서경이었다. 그랬기에 오늘 어떤 문제가 닥쳐도 절망하지 않을 수 있었다. 어떻게든 그 문제를 해결하고 한 뼘 더 성장해 있을 테니까. 그런데 지금은 매일 변화하지 않고 똑같은 나날을 보내고 있었다. 그런 생각을 하니 가슴이 철렁하는 것 같았다. 언제나 '어제보다 오늘 하루 조금이라도 더 성장했는가?'를 스스로에게 묻고, 성장하지 않은 삶은 죽은 삶이라고 생각하던 나였는데, 정작 지금의 내가 그런 삶을 살고 있었던 것이다. 모아놓은 돈을 곶감 빼먹듯이 쓰기만 하는 삶, 소비자로만 사는 삶은 살고 싶지 않았는데 말이다.

스스로에게 질문하고, 질문에 답을 적다 보니 안개가 걷히듯 나의 목표, 바꿔야 할 것들, 실천해야 할 것들이 명확하게 보였다. 나는 다시 생산자의 삶으로 돌아가야 했다. 해결해야 할 문제가 산더미라도 그 모든 걸 내가 벌이고, 내가 주체가 되는 삶. 다시 바쁜 사업가로 살아야 한다는 생각이 내 안에 자리 잡았다.

그러면 어떻게 해야 할까? 아이를 낳은 후에는 이전처럼 유럽을 오가며 무역을 하기가 어려워 유럽 무역을 그만두고 온라인 커머스를 택했던 나였다. 아직 우리나라는 온라인 커머스 시장이 열리지 않아 야심차게 일본 온라인 커머스에 도전해 성공시킨 경험이 있었다. 2000년대 초반에 말이다.

지금은 완전히 디지털 시대가 되었으니 유럽에 가지 않고도 무역을 할 수 있고, 청담동이나 서울 사람뿐 아니라 전 세계 사람들이 내 고객이 될지도 모른다. 체력이 모자라 전처럼 비행기를 타고 유럽을 누비며 상품을 소싱해 올 순 없지만, 청담동 우리 집에 편하게 앉아서 이탈리아와 프랑스 상품을 마음껏 고를 수 있다. 수십 년 동안 원단과 머플러를 보며 사진만 봐도 어떤 세품인지 파악되는 전문성을 갖춘 내게는 이것이 오히려 효율적인 방법일 수도 있다. 오랫동안 잊고 있던 '내일'에 대한 설렘이 피어오르기 시작했다.

"밀라노 스톱, 이치 니 산 시?"

생각해 보면 내 인생은 실행 또 실행의 연속이었다. 뒷일은 생각하지 않고 일단 저지르고 보는 식이다. 사실 지금 와서도 과거의 내 행동들을 돌아보면 나조차도 이해가 잘 되지 않을 정도다. 어떻게 그런 결정을 했을까? 왜 그렇게 무모했을까? 하지만 그때로 돌아가도 나는 똑같은 짓을 저질렀을 것 같다. 일단 저지르고, 뒷일이 닥치면 그때 또 새로운 행동을 통해 해결하는 것. 그게 내 스타일이자 성공을 일궈온 방식이었다.

대책 없고 무모했던
인생 첫 번째 유럽 출장

인생 처음 유럽으로 떠나던 날의 설렘은 60대가 된 지금도 생생하다. 무역업을 시작하고 2년쯤 지났을 때였나, 처음으로 이탈리아에 가겠다고 결심했다. 유럽행 비행기를 알아보던 중, 마침 내가 가야 할 날짜에 독일 프랑크푸르트에서 소비재 박람회가 열린다는 소식을 들었다. 그때가 1990년대 초반이니 유럽에 가는 게 쉽지도 않고, 비행기 값도 엄청나게 비쌀 때였다. 기왕 큰돈을 들여 유럽에 가니 볼 것 다 보고 오자는 욕심에 나는 밀라노행 대신 프랑크푸르트행 티켓을 끊었다.

사실 이 결심 자체도 참 무모하다. 지금처럼 구글, 네이버 같은 포털이 없는 건 당연지사고 유럽 여행 가이드북조차 찾아보기 힘든 시절이었다. 그런데 심지어 그 나라 언어를 한마디도 할 줄 모르면서 경유지까지 거쳐 갈 결정을 하다니. 어디서 나왔는지 모를 용기였다.

게다가 내가 숙박 예약을 한 호텔은 하이델베르크였다. 일단 무작정 가기로 마음먹었는데, 유럽 박람회는 워낙 규모가 크다 보니 근처 호텔들은 1년 전부터 다 예약이 마감된다고 했다. 결국 울며 겨자 먹기로 프랑크푸르트에서 한 시간을 가야 하는 하이델베르크 호텔에 숙박하기로 한 것이다. 아무것도 모른 채 도착한 프랑크푸르트 기차역은 온통 마약하는 사람들 천지라 공포 그 자체였고, 에스컬레이터도 없어서 나를 뜨악하게 만들었다. 내 손에는 샘플을 가득 채운 이민 가방 두 개가 들려 있는데 말이다. 결국 조그마한 몸으로 이를 악문 채 까마득한 층계를 올랐다.

그렇게 도착한 박람회의 규모는 어마무시했다. 하이델베르크에서 프랑크푸르트까지 오느라 이미 지쳐 있었는데, 박람회는 봐도 봐도 끝나지 않았다. 하루 종일 둘러보아도 다 볼 수 없는 규모였다. 결국 탈진 직전이 된 나는 일정을 앞당겨 밀라노행 야간열차에 지친 몸을 실었다.

그런데 이제 문제는 언어였다. 야간열차여서 밖은 온통 새까맣고 아무것도 보이지 않는데, 다음 역을 알려주는 전광판에는 오로지 독일어만 떴다. 독일어도, 영어도 할 줄 모르니 옆 사람들에게 물어볼 수도 없었다. 내릴 곳을 놓칠까 봐 야간열차에서 잠도 못 자고 초조하게 두리번거리기만 했다. 어디 한국인 없을까, 나를 도와줄 사람이 정말 아무도 없을까? 그때 기적처럼 저 멀리 동양인 같은 여자들이 보였다. 천천히 다가가서 그들의 대화를 들어보니 일본인들이었다.

"니혼진노가타데스까(일본인이신가요)?"

"하이."

얼른 아는 일본어로 말을 걸었지만 금세 또 막혔다. '밀라노까지 얼마나 남았나요'를 묻고 싶은데 '얼마나 남았나'를 일본어로 할 줄 몰랐다. 제발 그들이 알아들어 주길 바라며 앞뒤가 하나도 안 맞는 일본어로 간절하게 말했다.

"밀라노 스톱, 이치 니 산 시?"

밀라노에 서려면 몇 개의 정거장이 남았느냐는 말을 1, 2, 3, 4로 한 것이다. 다행히 그들은 찰떡같이 알아듣고 손가락 네 개를 펴 보이며 앞으로 네 개를 더 가면 된다고 말해주었다. 그제야 마음을 놓고 밀라노까지 갈 수 있었다. 지금 돌이켜봐도 대책 없고 무모한, 하지만 꿈으로 부풀어 있었던 유럽행이었다.

60대에
새로운 실행을 꿈꾸다

어처구니없을 만큼 무모했던 어린 날의 나에게 그래도 칭찬을 해주자면, 무엇이든 행동하기를 멈추지 않았다는 점이다. 내가 초창기 무역을 할 때 이탈리아의 화폐는 리라였다. 이탈리아는 제조업 강국이었지만, 인플레이션이 심해서 그들의 화폐인 리라는 아주 약한 통화였다. 그러다 보니 우리 같은 무역상들이 품질 좋은 물건을 저렴하게 사오기에 아주 좋은 나라가 이탈리아였다. 그러다가 IMF가 지나고 유럽에 유로화가 도입되기 시작하며 물건들의 가격이 단숨에 폭등했다. 기존보다 한 30%는 가격이 올라버린 것이다.

원단과 머플러를 수입하던 내가 찾은 대안은 중국 내몽고였다. 마침 우리나라도 생활수준이 높아지면서 캐시미어라는 고급 원단이 막 유행하기 시작한 시점이었다. 내몽고는 겨울이면 온도가 영하 20도~30도에 육박하는 곳으로, 이곳에서 자라는 염소들은 생존을 위해 아주 촘촘하고 고운 털을 갖고 있다. 그런 염소로부터 얻은 캐시미어는 질이 좋고 따뜻해 유럽에서도 최고로 쳐준다. 프랑스와 이탈리아에서 생산되는 캐시미어 머플러 중에도 내몽고 캐시미어를 원료로 한 제품이 많다. 그걸 이미 알고 있었기에 곧바로 '내몽고에 가자'는 아이디어가 떠오른 것이다.

그런데 당시 내몽고는 접근이 쉽지 않았다. 중국 자체가 시장이 완벽하게 개방돼 있지 않아서 금융 시스템도 불안정했고, 대다수 공장의 주인은 공산당이던 시대였다. 다행히 홍콩에서 무역업을 하던 제부 덕에 겨우 내몽고의 가이드를 소개받을 수 있었다. 문제는 내몽고에 도착한 후였다. 날씨는 상상하지 못한 수준으로 추웠고, 현지의 가이드는 영어를 단 한마디, 단어 하나조차 알아듣지 못했다. 결국 우리는 일주일 내내 손짓 발짓으로 소통을 하는 수밖에 없었다.

내몽고의 땅덩어리는 끝도 없이 넓었다. 다음 날 공장으로 가겠다며 티코만 한 작은 차를 가져온 가이드를 보고, 나는 우리나라처럼 한 몇십 분만 가면 공장이 나오는 줄 알았다. 하지만 하루 종일 달려도 공장은 보이지 않았다. 창밖에는 끝을 알 수 없는 절벽이 펼쳐져 있고, 우리 주변을 달리는 건 석탄 트럭뿐이었다. 차 안에는 말도 통하지 않는 남자 둘과 힘없는 여자인 나뿐이었다. 그리고 내 가방에는 현금이 1000만 원도 넘게 들어 있었다. 지금 생각하면 어떻게 그렇게 위험한 짓을 했나 싶다. 하다못해 든든하게 오빠라도 데려갈 것을,

무슨 용기로 말도 안 통하는 곳에 그 큰돈을 들고 여자 혼자 갔을까.

그럼에도 그런 무모한 행동이 있었기에 지금의 내가 있었다. 하루하루 바늘 위에서 곡예를 하는 것 같았지만, 어느 날은 직원들에게 줄 월급이 부족해 돈을 꾸러 다니고 집세가 없어 뜬 눈으로 밤을 지새우기도 했지만 매일 아침이 설렜던 나날. 한참을 목 놓아 울다가도 '그래도 500만 원 갖고 시골에서 상경해 여기까지 왔다'며 스스로를 격려하던 순간. 그때의 내가 떠올랐다.

어느덧 그로부터 30년이 지나 이제는 흰머리가 어색하지 않은 나이가 되었지만, 이제 내게는 연륜이 있다. 수없는 경험치가 쌓여 자산이 되었다. 무엇이든 저지를 수 있을 것 같다는 자신감이 고개를 들었다.

새로운 시대의
무역을 발견하다

그렇게 한참 동안 멈춰 있던 이탈리아 무역을 재개하고 얼마 지나지 않아 나는 또다시 기로에 서야 했다. 코로나 팬데믹이 온 세상을 뒤덮어버린 것이다. 순식간에 전 세계의 무역이 마비되었고 나 역시 거기서 피해갈 수 없었다. 이탈리아는 유럽에서 가장 먼저 봉쇄에 들어간 나라다. 공장이 문을 닫고 소규모 공방들마저 일을 멈추면서 사올 물건 자체가 없어졌다. 문제는 생산뿐이 아니었다. 항공편이 줄고, 항만도 인력이 부족해

컨테이너 적재가 몇 주씩 밀리는 상황이라고 했다.

사업을 하는 내내 '외로워도 슬퍼도 다시 일어나는 캔디처럼 살아야지, 파도는 밀려올 수밖에 없으니 그때마다 좌절해서는 안 된다'며 마음을 단단히 다져온 나였지만 그럼에도 절망스러운 기분은 피할 수 없었다. 이제 좀 다시 날개를 펼쳐보려 했는데 전염병 때문에 아예 무역을 할 수 없는 상황이 되다니. 어쩜 이렇게도 하늘이 나를 안 도와주나. 내가 가려던 길에 거대한 옹벽이 떡하니 가로막고 나를 붙잡고 있는 것 같았다. 지푸라기라도 잡고 싶었다. 어디 이 벽을 피해 갈 샛길이라도 없을까?

간절하게 살 길을 찾던 그때 내 눈에 들어온 것이 SNS였다. 언뜻 지인이 '요즘은 SNS로 물건을 파는 사람도 많아요'라고 말했던 게 떠올랐다. 찾아보니 SNS를 통해 물건 공동구매 마켓을 열거나, 아예 자기 제품을 제작해 파는 사람들이 꽤 많았다. 연예인이 아닌데도 수십만 팔로워를 가진 판매자들이 눈에 띄었다. 그렇다고 유명한 브랜드를 갖고 있는 것도 아닌데, 사람들은 그들의 홍보글에 환호하고 있었다. 나는 이제껏 몰랐던 SNS 세계에 푹 빠져버렸다. 때마침 참석한 한 행사에서 젊은 20대 사업가들과 대화할 기회가 있었다. 무슨 사업을 하느냐 물었더니 그중 다수가 '스마트스토어'라고 대답했다.

"스마트스토어로 물건을 어떻게 홍보하는 거예요?"

"홍보는 SNS로 하죠. 인스타그램으로 하는 사람도 있고 블로그로 하는 사람도 있고요. 일단 내 계정 자체를 키워서 내 SNS가 홍보 플랫폼이 되도록 만드는 거예요. 퍼스널 브랜딩 개념으로요. 이 방법으로 억 단위의 매출을 올리는 인플루언서도 있어요."

큰 충격을 받았다. SNS야말로 새로운 시대의 무역인 것 같았다. 그것도 시간과 공간의 제약이 아예 없는! 도무지 뚫을 방법이 없어 보이던 옹벽 옆에 자그마한 샛길이 보이는 것 같았다. 이제 나에게 새로운 선택지가 주어진 것이었다. 망설이고 재고 따질 시간이 없었다.

나는 곧바로 인스타그램 계정을 만들었다.

첫 번째 과제,
나를 세상에 어떻게 보여줄 것인가

하지만 계획을 이야기했을 때 잘했다거나 격려해 주는 사람은 아무도 없었다. 반응은 대부분 비슷했다.

"이제 인스타그램은 포화 상태인데 무슨 그걸로 돈을 번다고……. 완전히 레드오션이야."

"그런 건 젊고 예쁜 사람들이나 하는 거지, 60대가 어떻게 SNS 마켓으로 돈을 벌어."

하지만 나는 '될 때까지 한다'는 마음으로 인스타그램에 집중했다. 나 자체를 브랜딩해 SNS를 활성화시키고 나면, 그 SNS의 팔로워들이 자연스레 내 물건의 고객이 되어줄 것이라고 생각했다. 게다가 SNS도 스마트스토어도 무자본 창업이다. 사무실이나 가게, 직원이 필요 없다. 자본금이 들지 않는다면 리스크가 아예 없다는 뜻인데, 밑져야 본전 아닌가?

이제 나를 세상에 어떻게 보여줄지 결정해야 했다. 그것이 인스타그램의 첫 번째 과제이자 가장 중요한 결정일 터였다. 내가 파는 건 이탈리아에서 수입한 머플러이고, 나는 30년 동안 이탈리아 수입 무역을 하며 삼성물산 같은 국내 유명 패션 기업에 원단과 머플러를 공급한 경력이 있다. 그것은 내가 파는 물건을 우리나라 대기업에서 인정해 주었다는 뜻이고, 이는 고객들에게 내 물건의 신뢰도를 높여줄 것이다.

패션의 고장인 이탈리아의 물건을 수입하는 사람인 만큼 고급스러움을 강조하면 좋겠다. 이제 얼마짜리냐, 어떤 제품이냐보다도 '누가 파느냐'가 중요한 세상이다. 필요한 건 퍼스널 브랜딩이었다. 곰곰이 고민한 끝에 내 닉네임은 '청담캔디언니'로 정하고, '유럽 무역 전문가', '이탈리아 무역업 30년', '의류 패션잡화·이태리 머플러 직수입'이라는 문구를 프로필에 써 넣었다.

그렇게 계정을 만들고서 일단 매일 콘텐츠를 올려보기로 결심했다. 콘텐츠들은 주로 나의 지난 발자취에 대한 것들이었다. 내가 누구이며 어떻게 살아왔고, 무엇을 경험했고, 어떤 행동을 통해 어떤 성취를 이뤄냈는지를 기록했다. 누구라도 내 피드를 보면 내가 누구인지 알 수 있도록 내용을 구성한 것이다. 명절도, 주말도 없었다. 하루도 빠짐없이 콘텐츠를 만들고 팔로워 한 명 한 명과 소통했다. 맹렬하지는 않았지만 서서히 팔로워가 모이기 시작했다.

한 달도 안 되어 팔로워가 1000명이 되었다. 나는 팔로워 1000명 기념으로 청담동 사무실에서 인스타그램을 통해 맺은 인연인 '인친'들만 초대해 플리마켓을 열었다. 전국에서 모여든 인친들은 너무나 따뜻했다. 카드, 선물, 꽃다발을 준비해 건네주는 친구들도 있었다. SNS라는 공간을 통해 이토록 친밀한 친구가 생긴다는 게 놀라웠다. 그들이 주는 기운에 힘입어 네이버 스마트스토어도 개설했다. 그동안 내가 이탈리아 원단과 머플러를 수입하던 무역업자라는 걸 알려온 덕분일까, 제품을 특별히 홍보하지 않아도 인친들은 스마트스토어에 들어와 머플러를 구매해 주었다.

64세에
인생의 전환점을 맞이하다

내 주변 지인은 대부분이 격려나 응원 대신 걱정 어린 말을 건넸지만, 나는 인스타그램으로 새롭게 만난 '인친'들의 응원에 힘입어 인스타그램을 계속해 나갔다. 비록 때로는 팔로워가 늘지 않아 고민스럽기도 하고, 매일매일 콘텐츠를 올려야 한다는 압박감에 번아웃이 찾아오기도 했지만 인친들의 따뜻한 댓글과 박수에 기운을 냈다. 그리고 마침내 인스타그램 컨셉을 '아들에게 들려주는 엄마의 사업 이야기'로 바꾸었을 때, 나는 인생의 전환점을 맞이했다. 내 나이 64세에 말이다.

아들과 함께 압구정로데오 길을 걷던 와중, 붕어빵 집이 눈에 띄었다. 그때가 11월 말, 추위가 닥치기 시작해 한참 호떡이니 붕어빵이니 하는 겨울 간식 노점상들이 하나둘 등장하던 시기였다. 붕어빵을 하나 사먹자며 아들과 붕어빵 트럭에 멈춰 섰는데, 주인이 90도로 허리를 숙여 인사했다. 속으로 '어쩜 붕어빵 장사를 하면서도 손님에게 이렇게 깍듯할까, 참 잘될 청년이다' 생각했는데, 그가 내게 이런 말을 건넸다.

"아들에게 사업 조언 해주시는 엄마 아니세요? 청담 캔디언니! 인스타그램 정말 잘 보고 있습니다."

얼떨떨했다. 나를 알아보는 것도 신기한데, 잘 보고 있다고, 감사하다고 인사까지 해주다니! 아들에게 들려주는 사업가 엄마 컨셉으로 찍은 릴스들이 조회 수 50만, 100만 회를 기록하기 시작했을 때였다. 그때부터 점차 나를 알아보는 사람들이 늘기 시작했다. 명품 매장 직원, 빵집 주인, 근처 학교 학생들까지.

"캔디 언니, 완전 팬이에요! 우리 학교 애들 다 캔디언니 인스타그램 봐요!"

이제 겨우 열일곱 살이라는 여고생이 상기된 얼굴로 출랑출랑 뛰어오더니, 이런 믿기지 않는 말도 건네주었다. 생활이 완전히 바뀌었다. 언젠가부터는 그냥 동네 빵집, 카페에 갈 때도 전보다 신경 써서 깨끗하고 어느 정도 갖춰 입은 차림새로 나가게 되었다. 내가 연예인도 아닌데 말이다!

지금까지 한 번도 느껴본 적 없는 오묘한 기분이었다. 사실 사업을 하며 별별 일을 다 겪고, 엉엉 목 놓아 우는 일이 있어도 친구 형제는 물론이고 부모님께도 말해본 적이 없었다. 그런 이야기를 처음으로 고백하자 따뜻하고 다정한 댓글과 함께 내 삶에 대한 박수가 쏟아졌다. 대한민국 사람들이 내게 "너 참 잘 살았다"라고 말해주는 것 같았다.

나는 그냥 평범하게 살았다. 그냥 나 하나, 우리 가족 잘 먹고살아 보자고 열심히 살아온 장사꾼일 뿐이다. 그런데도 내 삶을 풀어놓았더니 다들 잘했다며, 고

생 많았겠다며 박수를 쳐준 것이다. 내 삶을 인정받는 느낌은 퍽 감동스러웠다. 구독자 50만 명, 100만 명이 넘는 유튜브 채널에서도 출연 문의가 들어왔다. 그렇게 못 다 피었던 꽃 한 송이가, '청담캔디언니'라는 이름으로 뒤늦게 만개하기 시작했다.

레드오션은
영원히 없다

"그건 이미 레드오션인데, 지금 시작해서 되겠어요?"

나는 이런 말에 단호하게 'No!'를 외치고 싶다. 지금처럼 온갖 상품이며 서비스가 넘쳐나고 살기 편리한 세상에, 따져보면 레드오션이 아닌 분야가 있을까? 의외로 레드오션 안에서 크는 사람에게는 훨씬 더 많은 기회가 있다. 장사하는 사람이 많다는 건, 그만큼 수요가 있다는 뜻 아니겠는가?

예를 들어 서울 강남권에서 숙박업소를 열려고 시장

조사를 한다고 해보자. 잠실새내 쪽에 숙박업소가 가득 몰려 있는 거리가 있다. 그걸 보며 '여기는 레드오션이군' 하면서 숙박업소가 한 개도 없는 올림픽공원 뒤에 숙박업소를 지으면 어떻게 될까? 그곳은 블루오션이므로 단 하나인 내 숙박업소가 유명해질 수 있을까?

당연히 아니다. 사람들은 거기에 숙박업소가 있는 것조차 모르기 때문에 애초에 선택지로 고려하지 않는다. 수요가 많으니까 잠실새내에 숙박업소가 즐비한 것이다. 사람들도 그 사실을 알기 때문에 강남권에서 숙박을 해야 할 때면 잠실새내로 간다. 그래서 바글바글 몰려 있어도 잠실새내의 숙박업소들은 항상 성업 중이다. 그러니 '이 분야가 레드오션인가?'가 아니라 이제는 질문을 바꿔보자.

'레드오션 속에서 어떻게 차별화를 시킬 것인가?'

SNS라는 레드오션에서 내가 찾은 차별화 포인트는 '나이'였다. 20대, 30대가 인스타그램을 하고, 스마트스토어로 물건을 판다면 사람들은 그러려니 할 것이다.

그런데 평범한 인스타그램 유저들의 어머니뻘 나이인 60대가 인스타그램으로 퍼스널 브랜딩을 한다면 신선하지 않을까? 남들은 '그 나이에 무슨 인스타그램이야'라고 했지만, 나는 내 나이를 오히려 차별화 포인트이자 강조해야 할 장점으로 본 것이다.

나는 인스타그램을 시작하고 얼마 되지 않아 '네이버 쇼핑 라이브'라는 새로운 도전도 해보았다. 네이버 쇼핑 라이브란 네이버에서 하는 홈쇼핑이라고 생각하면 된다. 여느 홈쇼핑처럼 쇼 호스트와 모델이 나와 물건을 판매한다. '홈쇼핑'이라 하면 떠오르는 쇼 호스트와 모델은 보통 젊고 예쁜 모습일 것이다. 나는 그런 예쁜 전문가들을 섭외하는 대신 더 과감한 선택을 했다. 내 쇼핑 라이브의 모델은 함서경, 바로 '나'였다.

홈쇼핑 속 늘씬하고 키가 큰 모델들의 핏을 기대하고 물건을 시키면, 정작 상상하던 모습이 나오지 않아 실망한 경험이 누구에게나 있을 것이다. 그래서 나는 평범한 소비자들의 공감을 이끌어낼 수 있는 보통의 체

형, 외모를 가진 사람이 진행을 하는 것만으로도 강점
이 될 수 있겠다고 생각했다. 바로 나처럼 말이다. 나처
럼 키 작고 평범한 외모를 가진 사람도 스타일리시하게
코디할 수 있다는 걸 보여주면 매력이 될 것이라고 생
각했다.

결과는? 대성공이었다. 첫 방송을 했던 2022년 7월,
나는 네이버 쇼핑 라이브의 패션 카테고리에서 무려 매
출 5위에 올랐다. 용기를 얻은 나는 그 후에도 쇼핑 라
이브를 세 번 더 열었고, 보란 듯이 세 번 모두 카테고
리 내 매출 1등을 차지했다.

그럼 다시 '잠실새내 숙박업소'라는 예시로 돌아가
어떻게 하면 차별화를 해볼 수 있을지 생각해 보자. 잠
실새내는 주변에 야구장과 콘서트장 등이 있어 행사가
많은 지역이다. 공연 관람객 맞춤으로 체크인과 체크아
웃 시간을 늦게 조정한다든가, 로비에 굿즈 보관용으
로 커다란 물품보관함을 제공한다든가, 주말이면 도보
로 가기에는 먼 올림픽공원 인근 경기장까지 작은 셔틀

버스를 운영하는 등의 서비스를 통해 '공연 관람객 맞춤형 숙박업소'를 만들어보는 것이 차별화 포인트가 될 수 있을 것이다.

레드오션은 '시장이 포화되었을 때'가 아니라 '모두가 똑같은 생각을 하고 똑같은 방식으로 행동할 때' 생긴다. 수많은 카페가 문을 닫을 때 어떤 사람은 디카페인 전문 카페를 만들어 성공하고, 어떤 사람은 반려견 동반 카페로 블루오션을 개척했다. 결국 문제는 시장이 아니라 해석력의 차이다.

내가 어떤 행동을 하든 그것 참 좋은 아이디어라며 격려해 주는 사람은 거의 아무도 없었다. 많은 사람이 내가 하려는 것이 레드오션이라고 지적했다. 물론 틀린 말은 아니었다. 분명 나는 라이브 커머스 분야에서 후발 주자였고, 패션은 그중에서도 경쟁이 가장 치열한 카테고리였으니까. SNS와 스마트스토어가 본격적으로 늘어나기 시작한 것이 2015~2018년 경이므로 내가 SNS에 뛰어들었던 시점은 실제로 레드오션이 맞다.

그럼에도 나는 뒤늦게 시작한 SNS로 40만 팔로워의 인플루언서가 되었고, 완전히 새로운 인생을 열었다. 결국 '자기가 하기 나름'이다. 같은 시장에서 누군가가 계속 레드오션이라며 불평하고만 있을 때 다른 누군가는 생각을 행동으로 옮기고, 그로부터 배운다. 시장보다도 무서운 것이 '생각의 멈춤'이다. 나는 이 경험을 통해 단언하게 되었다. 레드오션은 영원히 없다고. 오직 해보지도 않고 포기한 사람만 있을 뿐이라고.

PART 2

행동하지 않으면
아무것도 시작되지
않는다

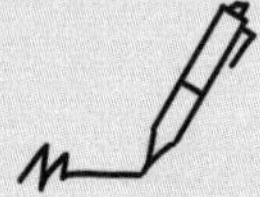

살아보니 '그냥' 하면 뭐가 되든 된다.

시도만 해도 정말 반은 된다.

재고 따지고 생각을 할 시간에 일단 행동하고,

작은 성공 경험을 쌓아야 앞으로 나아갈 수 있다.

잘되던 가게를 뒤로하고
서울로 상경하던 날

내 무모한 행동의 시작은 스물일곱, 강릉에서 보따리 하나만 들고 무작정 상경했을 때일 것이다. 돈도, 인맥도, 배움도 없이 서울에 가겠다는 나를 주변 사람들은 다들 뜯어말렸다.

"가게만 잘해도 충분히 밥 먹고 살 텐데, 왜 그래?"

당시 나는 강릉에서 작은 옷 가게를 운영하고 있었다. 고등학교를 졸업한 후 '뭘 해서 돈을 벌어야 할까' 궁리하던 중 눈에 띈 게 옷 장사였다. 나도 멋 부리는

데 관심이 많았고, 마침 친언니가 서울에서 국제복장학원에 다니고 있었기에 그 영향도 있었다. 처음에는 가벼운 마음으로 동네 양장점에서 일하기 시작했다. 그런데 그 일이 꽤 적성에 잘 맞았다. 직접 해보기 전에는 전혀 몰랐는데, 나는 영업과 고객 응대에 소질이 있었다. 금세 매출 일등 공신이 된 나는 얼마 후 내 영업 능력을 믿고 이번에는 직접 옷 가게를 차렸다.

"다른 가게 가면 이상하게 맘에 드는 옷이 없어요. 내가 이제는 함 사장 가게만 오잖아."

살가운 말을 건네며 꾸준히 찾아주는 단골 고객도 점차 늘었다. 1980년대 초반이었는데 하루 매출이 평균 50만 원 이상이었으니 장사는 잘되었던 편이다. 그렇게 잘 자리 잡은 가게를 내던지고 연고 하나 없는 서울로 가는 건 큰 모험이었다. 게다가 지방에서 상경하는 게 쉽지 않던 시절이었다. 지금으로 치면 외국에 나가겠다고 한 것과 비슷하다. 식구들도 친구들도, 주변 상인들도 다 함께 나를 만류했다. 하지만 나는 단호했다.

첫 번째로는 내 능력을 믿었기 때문이었고, 두 번째로는 큰 무대로 가서 많은 돈을 벌고 싶었기 때문이다. 내게는 식구들을 먹여 살려야 한다는 사명이 있었다.

"아니요, 저는 기필코 해낼 거예요."

그렇게 말하고 나는 '포니 원'에 올라타 서울로 향했다. 브레이크만 밟아도 시동이 꺼지는 낡은 자동차였지만, 나는 바득바득 그 차를 타고 갔다. 대관령을 넘다가 차가 멈춰 서면, 대우자동차 서비스센터까지 차를 밀고 내려가서 고친 다음에 다시 올라오곤 했다. 고속버스를 타면 훨씬 편했겠지만 왠지 그 낡은 차를 타고 가야만 할 것 같았다. 그게 나의 첫 도전이었고, 내 인생의 상징이었다. 누군가에게는 무모하고 말도 안 돼 보일지라도 멈추지 않고 계속 실행하겠다는.

아직도 기억이 생생하다. 서울 시내, 신호등만 보면 빨간 불에 걸렸다가 시동이 꺼질까 봐 두려워 가슴이 쿵쾅거리던 그 순간.

보따리 하나만 쥔 채 낡은 차에 올라 고향을 떠나던

스물일곱 살 아가씨를 보며 동네 사람들은 무슨 생각을 했을까? 그것도 멀쩡하게 잘되던 가게를 갑자기 때려치우고. 마음을 다해 응원해 주는 사람들도 많았지만, '가진 돈 다 날리고 고향으로 돌아오겠지' 생각하는 사람도, '젊은이의 치기가 저렇게 무섭다'며 혀를 끌끌 차는 사람도 있었을 것이다. 그 철없어 보이는 아가씨가 성공한 사업가가 되어 TV에 나오고, 신문에 소개되고, 인플루언서가 되어 강연을 다니리라고는 아무도 상상하지 못했을 것이다. 그만큼 지금 돌아보면 그때의 내 행동은 참 무모했다. 하지만 그 행동이 결국은 내 인생을 완전히 바꿔주는 계기가 되었다.

재고 따지지 않는 도전이
달라진 내일을 만든다

무엇이든 실제로 해보지 않고는 그 행동이 불러올 결

과를 알 수 없다. 그래서 '성공 확률이 어느 정도일까?', '괜히 했다가 후회하지는 않을까?' 하며 막연한 불안감을 안고 머릿속으로 시뮬레이션만 하다 끝난다. 내가 떠올린 아이디어가 무슨 결과를 만들어내는지 알고 싶다면 작은 것이라도 실행을 해봐야 한다.

요즘 MZ세대를 보며 나는 젊은 시절의 나를 자주 떠올린다. 이들은 '일단 해보는 실행력'이 아주 뛰어나다. 옛날에 무역 사업을 할 때도 젊은 직원들과 일해본 적이 있지만 그때 직원들은 그렇지 않았다. "이런 거 어때? 우리도 이런 식으로 영업해 볼까?" 하며 내가 무언가 의견을 내놓으면 대체로 부정적인 반응이 돌아왔다. 대놓고 한숨을 쉬며 인상을 찌푸리는 직원도 있었다.

하지만 지금의 MZ 직원들은 내가 조금 엉뚱하거나 무모한 아이디어를 제안해도 "이거 될 것 같은데요?" 라며 신나 하고, 한 술 더 떠 더 웃기는 아이디어를 보태기도 한다. 이들의 세상에서는 한번 무언가를 떠올리면 '안 될 것 같은데……' 하는 부정적인 생각이 아예 없는 것 같다. 단지 젊어서가 아닌, MZ세대들만이 가진 고유한 특징이다. 내가 MZ세대들과 일하는 걸 좋아하는 이유다.

누군가는 이런 MZ세대들을 보며 무모하다, 치기 어리다, 아직 아무것도 몰라서 저런다며 비난할 수도 있지만 나는 그들의 무모함을 응원하고 싶다. 무모하더라도 일단 도전이라도 해봐야 성공 경험을 쌓을 수 있다.

강릉 촌사람이 서울에서 장사해서 성공하기는 어렵다고 모두가 말했지만 나는 듣지 않았다. 말 한마디 할 줄 모르면서 어떻게 무역을 하냐고 했을 때도 꿋꿋하게 내 할 일을 했다. 나를 한 단계 더 성장시킬 기회가 눈앞에 있는데, 그걸 해보기도 전에 '안 될 거야'라며 포기하는 건 너무 아깝다.

그렇다고 겁나지 않았던 건 아니다. 당연히 두렵고 겁이 났지만, 그럴 때마다 스스로를 설득하며 마음을 다잡고 또 다잡았다. 도전의 연속이었던 내 삶의 매 순간은 달리 말하면 두려움의 연속이기도 했다.

‘해보지 뭐, 이걸 견디고 잘 해내면 나는 특별한 사람이 되어 있을 거야.’

두려움이 엄습할 때마다 성공한 내 모습을 마음속으로 그리고, 또 그리면서 그 시간을 견뎠다. 어떻게든 해내겠다는 마음으로 일단 행동하다 보면 신기하게도 활로가 뚫리곤 했다. 살아보니 ‘그냥’ 하면 뭐가 되든 된다. 시도만 해도 정말 반은 된다. 재고 따지고 생각을 할 시간에 일단 행동하고, 작은 성공 경험을 쌓아야 앞으로 나아갈 수 있다. 설사 실패로 돌아가더라도, 실패에서 배울 수 있으니 아무것도 안 하고 망설인 것보다 훨씬 낫다.

‘그때 이렇게 해볼걸’이 아니라 ‘진작 할 걸 그랬어!’

나는 2025년에 ‘비즈니스 컨설팅’을 론칭해 아주 소규모의 인원으로 컨설팅을 한 적이 있다. 일단 사람을 모집하긴 했는데, 첫 컨설팅을 하기 전날에는 얼마나 떨리는지 잠이 오질 않았다. 내 이야기가 간절한 이들에게 반드시 도움이 되어야 한다는 책임감 때문이었다. 여간 떨리는 게 아니었다. 내가 모든 사업을 다 해본 것도 아닌데 도움이 하나도 안 되면 어쩌나, 좀 더 경험을 쌓은 후에 론칭할 걸 그랬나, 너무 무모하게 저질렀나……. 침대에 누워 잠을 청하는데 점점 더 정신은 또렷해지고 두려움만 스멀스멀 몰려들었다. 하지만 이미 주사위는 던져졌다.

다음 날, 떨리는 가슴을 차분히 가라앉히며 첫 컨설팅을 시작했다. 고객의 고민을 듣자마자 자신감이 확 솟았다.

'아, 내가 제대로 해결해 줄 수 있는 문제다!'

내가 아는 사업의 기본 공식을 적용하면 쉽게 풀릴 만한 문제였다. 어느새 두려움은 깨끗이 잊고 열변을 토하고 있었다. 고객이 무슨 질문을 하든 막힘없이 답이 나왔다. 고객이 맞장구를 쳤다. 시름이 가득하던 눈에 어느새 희망이 서렸다. 컨설팅이 끝날 때쯤 고객은 상기된 얼굴로 열심히 고개를 끄덕이고 있었다. 그 모습을 보며 신이 나서 정말 열띤 시간을 보낸 것 같다. 설레고도 두려웠던 컨설팅 첫 시간이 끝나고 나는 마음 깊이 안도했다. '해보길 잘했다!'

물론 무모한 행동이 언제나 성공만 안겨주는 건 아니다. 실패할 때도 많다. 하지만 설사 실패하더라도 그 경험은 결국 나를 키워주었다. 실패했을 때야 당장이라도 죽을 것처럼 힘들지만 모든 것은 지나가고, 그 실패는 나를 한층 더 성숙시키는 발판이 되어준다. 나에게 무모함은 '시작할 수 있는 용기'의 또 다른 이름이었다. 그래서 나는 언제나 '일단 저질러보라'고 말한다. 남들이 뭐라고 하든, 대책 없든 일단 행동하고 나면 그다음의 나는 바뀌어 있을 테니까. 그 경험이 나를 다음 스텝으로 데려가줄 테니 말이다.

숫사자가 될 것이냐,
암사자가 될 것이냐

50조 원의 자산가이자 세계 최고의 비즈니스 코치인 댄 페냐가 보여준 동기 부여 연설이 화제가 된 적이 있다. 그는 연설 도중 한 영상을 보여준다. 드넓은 초원에서 얼룩말떼가 달려가고 있고, 그 바로 앞에서 한 암사자가 얼룩말을 쳐다보고 있다. 암사자는 '아니야, 다음 말을 잡을 거야'라고 생각하는 듯 계속 망설이기만 할 뿐 좀처럼 얼룩말 쪽으로 다가가지 않는다. 그때 어디선가 숫사자가 튀어나오더니 벼락같이 얼룩말 한 마리에 올라타 목덜미를 물어뜯는다.

얼룩말은 다르게 말하면 자기한테 온 기회다. 흔히 사람에게는 평생 세 번의 운이 온다고들 하는데, 나는 계속 달려오는 얼룩말떼처럼 운이란 평생에 걸쳐 계속 온다고 생각한다. 단지 달리는 얼룩말에 일단 올라타야 기회를 잡을 수 있을 뿐이다. 그런데 다들 다칠까 봐, 무서우니까, 걱정되니까 올라타지 않는다. 그러면서 기회가 와도 기회를 계속 보내기만 한다.

당신의 인생에 대입해 보라. 지금까지 재고 따지느라, 기회비용을 계산하느라, 실패할까 봐 머릿속으로 생각만 하느라 놓친 기회들이 있지 않은가? 잡을 수 있었던 기회는 얼마나 많은가? 두렵고, 넘어질지 몰라도 일단 달려들어야 얼룩말을 잡을 수 있다. 나는 일단 눈을 질끈 감고 달려가는 사람이었다.

그래서 내 무모한 행동은 상경에서 그치지 않았다. 품에 단돈 500만 원을 들고 올라와 처음으로 내가 향한 곳은 서울에서도 가장 번화한 상권, 명동이었다. 지금은 '명동' 하면 중국인, 일본인 관광객이나 즐비한 길거리 음식 등을 떠올리지만 그때 명동은 번화가이자 고급 상권이었다. 지금으로 따지면 청담동, 압구정로데오와 비슷하다고나 할까. 부자들, 연예인들이 다니는 미용실과 옷을 맞춰 입는 양장점으로 가득했고, 그만큼 가게 임대료도 하늘을 찔렀다.

그중에서도 내 눈길이 닿은 곳은 명동에서도 가장 노른자 땅인 사보이호텔 1층의 2평 남짓한 작은 가게였다. 부동산에 가서 임대료를 물으니 권리금까지 포함하면 가게를 빌리는 데 무려 7000만 원이 필요하다고 했다. 그때의 나에게는 턱도 없는 금액이었다. 그렇지만 꼭 거기서 장사를 하고 싶었던 나는 부동산을 통해 가게 주인의 연락처를 알아내 주인에게 사정했다.

"보증금이 없어서 그런데 월세로만 해주세요. 대신 월세는 시세보다 두 배로 드릴게요. 월세가 한 달이라도 밀리면 쫓아내셔도 좋습니다."

가게 주인은 말도 안 된다는 듯 손을 내저었지만, 나

는 거의 한 달 가까이 가게 주인을 쫓아다녔다. 처음에는 내 말을 귓등으로도 듣지 않았지만, 끈질기게 졸라댄 끝에 내 간절함이 통했다. 주인은 두 손 두 발 다 들었다는 표정으로 결국 내가 제시한 조건에 가게를 빌려주었다.

팔 물건도 없는 초짜 장사꾼에서
공장이 줄 서는 대박 가게로

이제 문제는 그다음이었다. 가게는 구했는데, 막상 그 가게에서 팔 물건이 없는 것이다. 당시 그 주변의 월세가 80만 원이었으니 내가 한 달에 내야 할 돈은 무려 160만 원이었다. 강릉에는 물건도 대주고, 내 가게를 입소문도 내줄 든든한 지인이 있었지만 서울에는 아무런 연고도 없었다. 오로지 내 힘으로 팔 물건을 구하고 매출을 만들어내야 했다. 내가 갖고 올라온 돈으로는 몇 달 버티지 못할 게 뻔했다. 내일 당장 장사를 시작해 부지런히 팔아도 모자랐다.

그때 문득 떠오른 것이 조선호텔 지하에 있던 의류 도매업체 반도조선아케이드였다. 지금으로서는 상상이 안 되지만 그때는 DKNY, 캘빈클라인 같은 해외의 유명 의류 브랜드들이 우리나라 공장에 OEM을 맡기던 시절이었다. 지금의 중국, 베트남처럼 말이다. 불량품이 나올 수 있어 물건을 여유 있게 만들어놓았던 공장들이 발주받은 물량을 보내고 남는 것, 아주 작은 하자로 납품하지 못한 것들을 도매상에 팔았다. 반도조선아케이드는 그런 옷들을 취급하는 도매상이었다. 즉, 그곳에 있는 건 전부 해외 유명 브랜드의 옷이었다.

주로 돈 많은 사람들이 옷을 사러 다니는 명동 상권이니, 수입 의류를 저렴하게 파는 가게라면 경쟁력이 있을 것 같았다. 그곳 대표님과의 연은 강릉에서 옷 가게를 하던 시절 한두 번 거래한 게 전부였지만 용기를 내어 찾아가 말씀드렸다. 가게는 확보해 놓았으니 물건만 위탁해 달라고. 시골에서 갓 올라온 젊은 여자가 오래 버티지 못할 거라고 생각하셨는지, 그분은 창고에 쌓인 옷을 흔쾌히 내게 맡겨주셨다.

이제 팔 옷은 마련했으니, 신나게 팔아볼 차례였다. 하지만 또다시 난관이 닥쳤다. 내가 장사하던 시절의 명동은 주로 연예인이나 부자들이 쇼핑을 하던 고급스러운 상가였다. 게다가 우리 가게 양 옆에 있는 가게들은 모두 옷 한 벌에 200~300만 원을 호가하던 명품 옷 가게였다. 그러니 그 틈에 끼어 있는 우리 가게도 사람들 눈엔 당연히 비슷해 보일 터였다.

이걸 어쩌나, 궁리하다가 장당 1500원에 가져온 미국 브랜드 수출 재고품을 '미끼 상품'처럼 써보기로 했다. 일단 문구점에서 두꺼운 도화지를 사서 까만 사인펜으로 크게 '오늘의 서비스 실크 블라우스 5000원'이라고 적어 벽에 붙여놓았다. 강릉에서 옷 가게를 할 때도 써먹었던 마케팅 방법이었다.

그리고 행거에 예쁘게 걸어두었던 옷들을 내려, 창문

밖에서 잘 보이도록 확 쏟아부어 놓았다. 내가 가져온 옷은 미국의 '차우스'라는 브랜드 제품으로, 알록달록 원색 원단이 매력적인 블라우스들이었다. 당시 국내 브랜드는 검은색, 흰색, 갈색 등 차분한 색깔의 옷을 주로 생산하던 시절이라 유리창 너머로 보이는 차우스의 예쁜 컬러는 사람들의 눈을 사로잡을 것이었다. 또 창고 처럼 막 걸어놓으면, 좀 더 저렴한 가게라는 이미지도 얻을 수 있을 터였다. 부담 없이 들어오라는 메시지를 '오늘의 서비스'라는 광고판을 통해, 또 제품의 진열 방식을 통해 발산한 것이다.

그리고 놀라운 일이 벌어졌다. 사람들이 줄을 서서 가게에 들어오기 시작했다. 얼마 지나지 않아 옷을 입어보기조차 어려울 만큼 줄이 길게 늘어섰고, 우리 가게는 공장들 사이에 '장사 잘되는 대박 가게'로 금방 소문이 났다. 처음에는 도대체 팔 물건을 어디서 구해야 할지조차 막막했는데, 서울의 유명 공장들이 앞다투어 '우리 옷 좀 가져가달라'며 아우성을 하기 시작했다.

준비되지 않은 상태라도
시작하라

그리고 1년 뒤, 나는 그 가게를 권리금을 주고 사버렸다. 명동 한복판 '노른자 상권'의 주인이 된 것이다. 신용카드도 없어서 전부 현금으로 거래를 하던 시절이었다. 불티나게 팔리는 바람에 그날그날의 매출을 핸드백에 담을 수가 없었다. 매일 밤 검정 비닐봉지에 현금을 가득 담아 집으로 돌아왔다. 그때의 심정이란! 밥을 먹지 않아도 배가 부를 만큼 행복했다.

어느새 통장에 1억 원 가까운 돈이 쌓였다. 서울에 처음 와본 시골쥐처럼 한껏 움츠러들어 있던 상경 당시의 나와는 완전히 달라졌다. 움츠러들었던 어깨가 펴졌다. 세상을 향해 이제는 당당할 수 있었다. 그때 깨달았던 것 같다. 일단 두드리면 안 열릴 문은 없다고! 보증금도 없이 가게를 얻고, 검증된 판매 경험도 없는데 물건을 위탁받고, 단돈 500만 원으로 서울 한복판에서 사업을 일궈 내 가게까지 얻은 것. 모두 내가 만든 결과였다.

많은 사람이 '충분히 준비되지 않았다'는 이유로 아무것도 시작하지 못한다. 그러나 나는 40년이 넘게 다양한 사업에 부딪혀 보면서 정반대의 깨달음을 얻었다. 바로 '준비되지 않은 상태'에서 시작해야 한다는 것이다. 고정관념과는 반대로 그냥 일단 뛰어드는 것이 오히려 성공 확률을 높인다. 물론 많은 돈을 투자했거나, 리스크가 큰 일은 어느 정도 준비가 필요하다. 그러나 사람들이 품고 있는 꿈, 목표는 대부분 그렇지 않다. 사실 '시작이 반', 아니, 심지어 '시작이 전부'일 것 같은 작은 일들도 계획이 철저하지 않다는 이유로 망설이곤 한다.

또 완벽하게 계획했다고 해도, 그 일이 계획대로 돌아가던가? 막상 해보면 계획은 별로 의미 없을 때가 많다. 엉터리처럼 보여도 일단 발을 담가보는 태도는 엄청난 경쟁력을 만들어낸다. 만약 내가 넉넉한 보증금이 모일 때까지 저축만 하거나, 물건을 납품해 줄 거래처를 찾을 때까지 가게도 구하지 않고 가만히 있었다면 어땠을까? 어쩌면 옷 가게를 시작조차 하지 못했을지도 모른다.

그래도 시작이 어렵다면, 이런 방법을 써보자. 먼저 '나는 할 수 있다!'라고 크게 외치고, 1분 안에 무엇이든 실행에 옮기는 것이다. 노트에 하고 싶은 일을 쭉 써보는 것이든, 목표를 크게 써서 방에 붙이는 것이든 일단 움직여보자.

삶이란 참 신비롭다. 열심히, 그리고 진심으로 최선을 다하다 보면 인생은 상상도 못한 곳으로 우리를 데려다준다. 가만히 있는 사람에게 삶은 아무것도 내어주지 않는다. 댄 페냐는 영상을 보여주고 관중들에게 이렇게 말한다.

"한 번 두려움이 없어지면 삶의 한계가 사라집니다. 내가 이 방에 있는 사람들과 다른 점은, 나는 어떤 것도 겁내지 않는다는 점이지요."

청담동 한가운데서 탄생한
사서 없는 도서관

일하는 여성들이 가장 큰 기로에 놓일 때가 언제일까? 아마도 출산 후이지 않을까. 아무렇지도 않던 야근이 부담스러워지고, 아무리 꼼꼼히 하루 계획을 세워도 무용해진다. 아이가 생겼다는 사실만으로 잘 다니던 회사를 그만둬야 하나 심각하게 고민하기도 한다.

나는 사업을 하니 이런 직장인들의 고민과는 거리가 있다고들 생각하지만, 나 역시 워킹맘으로서 아이를 낳아 키우는 게 쉽지는 않았다. 지금처럼 아이 돌봄 정책이 잘 마련돼 있지 않기도 했고, 아이가 있다는 이유로 사장이 회사에 신경을 쓰지 않는다는 건 상상도 할 수 없었다. 그래서 누군가가 "지금까지 가장 기억에 남는 창업 사례가 있나요?"라고 묻는다면, '워킹맘으로서의 고민'을 해결해 주고, 무슨 한계든 극복할 수 있다는 용기를 줬던 '청담동 영어 도서관'을 꼽을 것 같다.

물론 의류 도매나 무역, 에어비앤비, 지금 하고 있는 비즈니스 컨설팅처럼 큰 수익을 벌고자 한 일이 아니기에 엄밀히 따지면 '사업'이라고 하기는 어렵지만, 청담동 영어 도서관은 육아와 일이라는 두 마리 토끼를 다 잡을 수 있게 해준 귀중한 경험이었다.

나는 젊어서부터 해외를 돌아다녔기에 내 아이가 공부는 못하더라도 '글로벌한 사람'으로 성장했으면 좋겠다는 욕심이 있었다. 그래서 아이가 초등학생쯤 되었을 무렵 처음으로 영어 학원에 보내보았다. 곧잘 다니는 것 같기에 흐뭇하게 지켜봤는데, 어느 날 아이가 하고 있는 숙제를 흘끗 보니 난이도가 너무 높은 것이다. 깜짝 놀라 아이가 학원에서 쓰는 교재를 꺼내 샅샅이 살펴보았다. 아무리 봐도 중학생 수준은 되어 보였다. 너무 이상했다. 초등학생들에게 이렇게 어려운 영어를 가르치다니. 하지만 영어 교육을 포기할 수는 없었고, 내가 직접 가르치기에는 내게 영어 실력이랄 게 없었다. 곰곰이 고민하다가 퍼뜩 떠오른 게 '도서관'이었다.

늦은 나이에 아이를 낳고서 매일 신문을 뒤져 교육 기사만 스크랩한 적이 있었다. 스크랩한 기사들을 한데 모아놓고 읽어보니, 공통점은 '책을 읽히라'는 것이었다. 그래서 아이를 키울 때 가장 많이 신경 쓴 것이 독서였다. 좋은 책을 발견하면 바로 구매해, 집 안 곳곳에 흩어놓아 아이가 언제든 손을 뻗어 읽을 수 있는 환경을 만들었다. 나중에 보니 책이 족히 100권은 되는 것 같았다. 아침에 눈을 뜨면 아이를 끌어안고 앉아서 함께 어린이 신문을 읽기도 했다. 그렇게 자연스럽게 한글을 깨쳤으니, 영어도 책으로 배울 수 있지 않을까? 읽히는 것보다 좋은 교육이 또 어디 있을까?

그래서 내친 김에 우리 집을 영어 도서관으로 개조하기로 마음먹었다. 당시 나는 육아와 사업의 병행을 위해 4층짜리 청담동 단독주택으로 이사를 한 후였다. 사무실과 집을 아예 분리하니 육아에 너무 신경을 안 쓰게 되고, 또 집 안에 사무실을 만드니 육아에도, 일에도 집중하지 못한 채 하루 종일 일을 하게 돼 고민하다가 찾은 해결책이 한 집에 사무실을 두되 층을 분리하는 것이었다. 3, 4층은 우리 집으로 꾸미되 방 한 칸은 사무실로 만들고, 나머지 두 층은 도서관으로 만들어 내가 일하는 동안 아이는 도서관에 있게 하면 좋겠다는 아이디어가 떠올랐다.

자발적인
공동 육아 시스템이 마련되다

나는 당장 우리나라 책과 영어 책 수백 권을 사들이

고 집을 천장부터 바닥까지 편백나무 원목으로 개조했다. 강릉에서 보냈던 어릴 적, '도서관'이라 하면 생각나는 곳은 어두침침하고 퀴퀴한 냄새가 나는, 유쾌하지 않은 공간이었다. 도서관에서 머무르고 싶다는 생각을 한 번도 해본 적이 없었다. 그 기억이 평생 남아 있었기에, 나는 아이들에게 전혀 다른 기억을 주고 싶었다.

지하에는 나무 침대와 작은 조명을 설치해 아이들이 편하게 애니메이션을 볼 수 있는 방을 만들었다. 엽산이 많은 키위가 아이들의 두뇌에 좋다는 말에 키위나무 세 그루를 심어 '청담키위영어도서관'이라는 제법 그럴싸한 이름도 지었다. 그리고 오픈 첫날, 우리 집 마당에서 꼭 외국처럼 오픈 파티를 했다. 담쟁이와 포도나무가 뒤덮은 벽돌집에 노란 어닝을 걸고 문을 활짝 열어놓으니 청담동 골목에서도 단연 눈에 확 들어왔다. 마당에 얼음 통을 설치해 음료수를 꽂아놓고, 핑거 푸드를 가득 차려 꼭 핀터레스트에서 볼 법한 파티처럼 꾸며놓았다. 그러자 멋 좀 낸다 하는 젊은 엄마들이 삼삼오오 모여들었다. 그들은 정신없이 사진을 찍고, 도서관을 구경하며 연신 탄성을 질렀다. 예상 적중이었다. 일단 공간이 마음에 들어야 내 아이를 보내지 않겠는가.

그렇게 하나둘씩 자기 아이들을 데리고 오기 시작했고, 도서관은 금세 입소문을 타서 몇 달 사이 방문객이 50명 정도까지 늘었다. 엄마들에게 온 김에 아이들을 위해서 봉사를 좀 해달라고 말씀드렸더니 제각기 장기를 발휘했다. 누구는 집에서 당근 케이크를 구워오고, 누구는 책을 읽어주고, 또 누구는 아이들이 있는 곳은 깨끗해야 한다며 자진해서 청소를 하고……. 일종의 공동 육아 시스템이 마련된 것이다. 우리 아이가 외롭지 않게 형, 누나, 친구들과 신나게 시간을 보낼 수 있게 되었다. 아이가 위험한 행동을 하진 않는지, 다치진 않는지 살뜰히 봐줄 동네 엄마들도 있었다. 비로소 마음이 놓였다.

도서관에 오는 엄마들에게 딱 한 가지를 당부했다.

"아이들에게 절대 책 읽으라고 강요하지 말아주세요."

내 의도는 하나였다. 도서관을 '책을 억지로 읽게 하는 공간'이 아니라, '머물고 싶고, 기억에 남는 공간'으로 남게 하는 것. 그러자 아이들은 시키지 않아도 스스로 책을 읽었다. 우리 도서관엔 TV도, 게임기도 없었지만 아이들은 지루해하지 않았다. 자진해서 영어 동화책을 읽고 친구들과 토론도 하며 즐겁게 시간을 보냈다. 사업과 육아의 병행 그리고 아이의 영어 교육, 내가 갖고 있던 두 가지 고민이 단박에 해결된 것이었다.

스스로를
틀에 가두는 것부터 멈춰라

내가 이 계획을 얘기했을 때 주변의 반응은 뜨뜻미지근했다. 문헌정보학과를 나오지도 않았으면서 무슨 도서관을 운영하냐, 학교 다닐 때 공부도 못했으면서 무슨 직접 교육을 시키려고 하냐, 학원에 보내면 되지 무슨 도서관이냐……. 돌이켜 보면 무언가 의외성이 있는 일, 새로운 일에 도전할 때 지인들로부터 '좋은 생각'이란 말을 들어본 적은 거의 없는 것 같다. 많은 이들이 덮어놓고 부정적인 말부터 하곤 했다. 그런 반응에 갇혀 '그래, 내가 무슨 도서관을 열어' 하며 시작하기도 전에 포기했다면 어땠을까? 육아와 사업의 병행과 아이의 영어 교육, 양측으로 고민이 깊었을 것이다.

많은 사람이 '현실적인 한계'라고 부르는 것들에 막혀 아무 행동도 하지 못한다. 나는 강연할 때마다 창업 혹은 n잡을 적극적으로 권하곤 하는데, 어느 날은 그중 유달리 눈을 반짝이며 강연을 듣던 한 젊은이가 있었다. 그는 강연이 끝난 후 슬쩍 나에게 오더니 자신의 고민을 털어놓았다.

"회사를 나가서 얼른 제 것을 해야 한다는 생각은 가득한데, 현실적으로 참 힘듭니다. 신혼이라 모아놓은 돈이 별로 없다 보니 도저히 회사를 그만둘 용기가 안 나네요. 아내가 동의할지도 모르겠고요."

각종 이유를 말하며 주저하는 데는 나이 구별이 없는 것 같다. 젊은 사람들은 이처럼 돈이 없다거나 여유가 없다는 말을 하고, 나이 든 사람들은 '이 나이에 어떻게 새로운 도전을 하냐'며 나이와 체력 걱정부터 꺼낸다. 하지만 시작하기도 전부터 자신의 한계를 정해버린다면 대체 뭘 할 수 있을까?

"왜 창업을 하려면 꼭 회사를 그만둬야 해요? 안 그만둬도 돼요. 그 대신 내일부터는 회사 일을 열심히 하면서 여기서 배운 걸로 내가 뭘 해볼 수 있을까 생각하세요. 돈을 받으면서 일을 배우고 있다고 생각하면 얼마나 출근이 신나겠어요? 이 환경에서 배운 걸 내가 어떻게 '부캐'로 만들까 생각해 보세요. 아니면 내가 뭘 이루고 싶은가 목표라도 리스트로 써보세요."

그러면서 강의를 하면서 만났던 한 여성분의 이야기를 들려드렸다. 나이가 일흔, 나보다도 연세가 많은 분이었다. 그분은 내 강의를 들은 후 지금 상황에서 무엇을 할 수 있을지 고민하다가 일단 쿠팡 아르바이트부터 시작하셨다고 했다. 별것 아니어 보이는 일이지만, 이 아르바이트로 돈을 벌고 나니 일단 전보다 경제적으로 더 풍요로워진 데다가 당신이 무언가 역할을 할 수 있는 사람이라는 걸 느껴서 동기 부여가 되었다는 말씀을 전해주셨고, 나는 그 자리에서 박수를 쳐드렸다. 그분은 쿠팡 아르바이트라는 작고 사소한 행동으로 스스로를 묶고 있던 한계를 뚫어낸 것이다. 덕분에 다음 단계, 그다음 단계도 밟을 수 있을 것이고 말이다.

일과 육아의 병행이 고민인 워킹맘, 아직 자금이 부족한 사회초년생, 은퇴해 제2의 삶을 꾸려가야 하는 시니어…… 모두 크게 다르지 않다. 일단 '안 되는 이유'를 찾는 걸 멈춰야 그 다음 단계로 나아갈 수 있다. 나이, 체력, 자본금…… 중요한 건 '나는 안 된다'는 한계를 부수고 행동으로 옮기는 것이다.

워킹맘이라 안 된다?
워킹맘이라 다행이다!

얼마 전 자녀 있는 기혼 여성의 고용률이 역대 최고라는 기사를 봤다. 육아 휴직이나 유연근무제 등 일과 가정을 양립하게 해주는 제도가 활성화되고, 남편들의 육아 참여가 늘어나면서 워킹맘의 비율이 높아지고 있다는 기사였다. 학교를 졸업하면 결혼하는 게 당연하고, 만약 하는 일이 있더라도 결혼해서 아이를 낳으면 회사를 그만두고 전업 주부가 되는 게 당연하던 내 젊은 시절과는 많이 달라졌다는 생각에 마음이 한결 놓였다.

하지만 그럼에도 '아내'가, '엄마'가 겪는 고충이 얼마나 많을까. 전업 주부들은 주부대로, 워킹맘은 워킹맘대로 각자 애달픈 고민과 사연을 안고 산다. 아무리 커리어에 열정이 넘치는 엄마라도 육아에 신경을 안 쓸수는 없다. 아이를 낳으면 아이가 인생의 가장 중요한 이슈가 되는 게 엄마다. 나 역시 그 시간을 지나왔기에 여성들의 사연을 들으면 코끝이 찡해지고, 무엇이든 도와주고 싶은 마음이 든다.

인생이 계획대로
흘러가지 않는 이름, '엄마'

나는 마흔셋에 아이를 낳았다. 아이를 낳기 전 남편과 손가락을 걸고 굳게 약속한 게 하나 있다. 육아는 최대한 남에게 맡기지 말고 우리 부부가 온전히 함께 참여하자는 것이었다. 나는 이미 내 선배인 1세대 여성 창업자들이 육아하는 모습을 곁에서 지켜봤다. 그때는 아직 돌봄 제도가 생기기 전이라, 아이를 봐주는 아주머니들을 개인적으로 구해서 보모처럼 전적으로 맡기는 경우가 대다수였다. 내 아이처럼 아끼며 키워주시는 보모들도 계셨지만, 아무래도 아이를 남의 손에 맡기는 것에는 당연하게 따라오는 단점이 있다. 부모와 아주머니의 육아 가치관이 똑같이 일치하기란 어렵지 않은가. 그래서 우리 부부는 다른 사람의 손을 빌리게 되더라도 파트타임 정도로만 쓰고, 우리의 교육관으로 아이를 키우자고 굳게 다짐했다.

엄마가 되니 어쩌면 그렇게 일이 계획대로 흘러가지 않던지. 육아와 사업의 균형을 찾느라 사무실을 두 번이나 옮기는 등 여러 시행착오를 겪었다. 일과 육아의 공간을 분리하되 언제든 왔다 갔다 할 수 있는 4층짜리 단독주택에 자리 잡으며 한시름 놓긴 했지만, 그래도 해외 출장을 밥 먹듯이 다니던 기존의 일을 계속하기는 현실적으로 무리가 있었다. 아이가 열이 난다든가, 어

린이집을 안 가려고 한다든가 하는 이유로 엄마가 필
요해지는 상황들이 예기치 않게 찾아오곤 했다. 유달리
바쁜 날이든, 중요한 미팅이 있는 날이든 돌발 상황은
어김없이 찾아왔다.

그때 내가 고개를 돌린 게 온라인 유통이었다. 한 강
의에서 앞으로는 오프라인이 아닌 '온라인 유통'의 시
대가 열린다는 이야기를 들었다. 눈이 번쩍 뜨이는 것
같았다. 온라인 유통이라면 육아와 병행하면서도 할 수
있을 것 같았다. 또한 마침 IMF 직후라 우리나라 경제
가 어려워지며 수입 의류의 판매량도 확 줄던 시기라,
기존의 무역업에서 변화를 줘야 한다는 생각도 있었다.

즉시 알아봤지만 그때의 우리나라는 아직 온라인 마
켓이 활성화되기 전이었다. 고민하다가 눈을 돌린 곳이
일본 시장이었다. 당시만 해도 일본이 우리나라보다 선
진국이었기에, 이미 라쿠텐이나 야후 같은 온라인 플랫
폼이 활성화되어 있었다. 일본어도 모르고, 아는 바이
어도 없었지만 사업의 위기를 헤쳐나가려면, 그리고 엄

마의 역할도 해내려면 나로서는 이번에도 일단 해보는
수밖에 없었다.

100통의 메일, 단 한 통의 주문

처음에는 한국으로 공부를 하러 온 일본인 학생을 하
루에 세 시간씩 일하는 파트타임 아르바이트로 고용
해서 일을 시켰다. 우리 제품과 비슷한 상품을 취급하
는 판매자들을 온라인에서 전부 찾게 해, 하루에도 수
십 통씩 이메일을 보냈다. 정말 무작정 부딪힌 것이다.
어차피 이메일을 보내는 건 시간이 걸리는 일일 뿐, 내
가 짊어질 리스크는 없으니까. 아예 답장을 주지 않는
곳이 대다수였고 그나마 오는 답장도 전부 거절이었다.
그러다가 기적처럼 한 곳에서 답장이 왔다. 딱 한 업체
에서 일단 제품을 10개만 주문해 보고 싶다는 것이었
다. 직원과 손뼉을 치며 쾌재를 불렀다. 고작 주문은 한

건에, 내가 판 물건은 10개에 불과했지만 이게 성공의 출발점이 될 것 같다는 예감이 들었다. 그리고 내 예감은 적중했다. 처음에는 10개로 시작했던 소박한 주문이 100개, 200개로 늘며 나중에는 억 단위의 거래로 이어졌다.

워킹맘으로 사는 걸 너무 고단해하는 이들에게 창업을 권하면 많은 경우 고개를 절레절레 젓는다.

"당장 수입이 끊기니 회사를 그만두는 건 상상하기가 어렵네요. 그리고 어떻게 아이를 키우면서 사업까지 하겠어요. 저는 못할 것 같아요."

하지만 앞에서도 말했듯이, 창업을 한다고 곧바로 회사를 그만둘 필요는 없다. 회사라는 안전지대 안에서 내가 뭘 할 수 있는지 충분히 숙고해 보고, 답을 찾았다면 망설이지 말고 부딪쳐보는 것이다.

만약 내가 워킹맘이 아니라 아이가 없었다면, 혹은 미혼이었다면 '일본 온라인 커머스'라는 새로운 기회를 발견할 수 있었을까? 굳이 집에서 일해야 할 필요가 없

으니, 그냥 이제까지 하던 대로 유럽과 싱가포르로 원
단과 머플러를 소싱하러 다녔을지도 모른다. 떨어지는
매출을 어떻게든 회복시켜야 한다는 생각은 했겠지만,
아직 우리나라는 온라인 마켓이 활성화되지 않았으니
일본에 진출하는 큰 도전을 하면서까지 굳이 일하는 방
식을 바꾸려는 시도는 하지 않았을 것 같다. 한계로만
느껴졌던 '워킹맘'이란 상황이 오히려 새로운 기회를
만들어준 셈이다.

엄마라서, 워킹맘이라서
할 수 있는 일이 없다고?

그런 워킹맘들을 위해, 만약 내가 지금 워킹맘의 입
장이라면 어떤 사업을 해볼 수 있을지 궁리해 보았다.
일단 첫째로 '아이 돌보기 사업'이다. 당연히 그냥 아
이만 봐주는 게 아니라, 누구나 혹할 수 있도록 내가 잘

하는 걸 살려서 특화된 아이 돌봄을 하는 것이다. 만약 책과 관련된 전문가거나 독서를 즐기는 사람이라면, 거실을 도서관처럼 만들어 아이들의 책을 쭉 꽂아놓고서 '책 좋아하는 아이로 키워드립니다'라는 카피로 홍보하면 어떨까? 인스타그램 계정을 내 포트폴리오처럼 만들어 도서관 같은 우리 집 거실을 찍어 올리고, 내 아이가 흠뻑 빠져서 책을 읽고 있는 동영상을 올린다. 만약 아이에게 책을 읽어줄 때의 팁이 있다면 그런 팁을 소개하는 릴스를 올려도 좋을 것이다. 그리고 인스타그램으로 연결되는 QR코드를 하나 넣은 전단지를 만들어서 아파트 단지 내에 뿌린다. 크게 투자하지 않아도 내 집을 사업장 삼아 시작할 수 있다.

요리를 좋아하는 사람이라면, 유튜브로 아이들도 할 수 있는 베이킹을 간단히 배워 '멀리 가지 않아도 되는 가정 요리 교실이 있습니다'라고 홍보해도 좋을 것이다. 당연히 일반적인 아이 돌봄보다는 비싼 돈을 받을 수 있다. 입소문이 나면 저절로 사람이 모여들 것이다. 돈을 벌면서 내 아이도 훌륭하게 키울 수 있으니 일석이조다. '남의 아이를 내 아이처럼'이라는 슬로건을 달면 어떨까?

만약 평생 동안 가정주부를 한 중년 여성이라면 주부 경력을 살려서 '노인 식단 도시락' 사업을 해도 좋겠다. 시중에 요리 연구가들이나 셰프들, 의사들이 낸 책이 많다. 요리는 평생 해와서 잘할 테니, 그들의 책을 읽으며 노년들에게는 어떤 영양소가 특히 중요한지, 어떤 질병이 있는 사람은 무엇에 주의를 해서 식단을 짜야 하는지 같은 걸 배워서 사업을 시작하는 것이다. '매일 철저하게 영양 균형이 잡힌 도시락을 배달해 드립니다'라는 홍보 문구와 나의 상세페이지가 들어간 전단지를 만들어서, 일단 내 집 주변에 뿌리는 것부터 시작해 볼 수 있다.

무엇보다도 지금은 마음만 먹는다면 나이가 몇 살이든 어디에 살든 무엇이든 배울 수 있는 시대다. 책, 유튜브, 블로그…… 세상 곳곳에 배움과 시작의 기회가 널려 있다. 당장 휴대폰 메모장을 열고 내가 잘하는 것을 한번 쭉 목록화해 보자. 그리고 한동안 그 목록들과 연관된 회사나 서비스를 보면 메모장에 수집해 보자. 예를 들어 영어가 특기라면 번역이나 통역 아르바이트, 과외, 영어 놀이, 외국인 대상 투어가이드 등 영어를 활용해서 할 수 있는 일들을 쭉 모아보는 것이다. 그중 내가 할 수 있는 작은 행동부터 시작해 보자. 그 작은 행동이 큰 성공의 단초가 되어줄지도 모른다.

일주일 연속 '라방'을 했더니
벌어진 일

우리가 쉽사리 꿈이나 목표에 다가가지 못하는 이유는 무엇일까? 아마도 성공할 거라는 확신이 없어서일 것이다. 그렇다면 그 확신은 어디서 나올까? 그것은 나이도, 돈도, 학력도, 지위도 아니다. '작은 성공'이다. 내가 해낸 성공들이 나의 이력이 되고, 결국에는 더 큰 목표를 이뤄낼 수 있을 거라는 든든한 근거가 되어준다.

이처럼 작은 성공을 쌓기 위해서는 목표를 아주 잘게 쪼개는 것부터 시작해야 한다. 상상해 보라. 당장 스무 살 대학생에게 '1억 원을 모으라'는 목표를 주면 어떻겠는가. 도대체 얼마나 걸릴까 막막해서 목표를 이루려고 노력도 하기 전에 지레 포기해 버린다. 실행력을 기르려면 목표를 잘게 나누는 것이 핵심이다. 예를 들어 목표가 1억 원 모으기라면, 먼저 언제까지 1억 원을 모을지 기간을 정하고 그 기간에 맞추려면 한 달에 얼마를 벌어야 하는지를 계산한다. 그러고 한 달을 30일 또는 31일로 나눠서 하루에 얼마를 벌어야 하는지까지 계산하면, 하루에 몇 시간 일을 해서 얼마를 모아야 되는지가 구체적으로 보인다.

구체성이 생기면 실행도 쉬워진다. 예를 들어 한 시간에 2만 원을 벌어야 한다는 아주 작은 목표가 나오면 그를 위해 하루에 두 잔씩 사먹던 스타벅스 커피를 한 잔으로 줄이거나, 아니면 집에서 커피를 내려 텀블러에 갖고 다닐 수도 있다. 별것 아니어 보여도 이런 작은 행동부터 시작하면 된다.

외국어 공부도 마찬가지다. '영어를 배우겠다'는 막연

한 다짐으로 학원에 등록하면 얼마 안 가 포기하는 경우가 많다. 하지만 예를 들어 '하루에 영어 세 문장 외우기'처럼 잘게 쪼개면 실천이 쉬워진다. 하루가 쌓여 열흘이 되면 외운 문장은 30개가 되어 있고, 그걸 한 달 동안 꾸준히 실천하면 90개가 된다. 그렇게 하루하루의 목표를 달성하며 1년이 지나면 어느새 일상 대화는 가능한 수준까지 나아갈 수 있다.

나는 종종 "캔디언니는 어떻게 그렇게 많은 걸 이뤘어요?"라는 질문을 받는데, 그럴 때마다 '작은 목표를 세워서 행동해 보라'고 조언한다. 큰 성공은 무수한 작은 시도와 성공이 없으면 결코 주어지지 않는다.

창업을 할 때도 처음부터 큰 가게나 큰 사무실을 얻고 직원 여럿을 데리고 시작하면 리스크가 크다. 당장 이번 달에 내야 할 월세가 있고 인건비가 있으니 얼마나 초조하고 조급할까? 사보이호텔 가게에서 처음 장사를 시작했을 때, 장사가 안 되는 날이면 가슴이 조마조마했다. 내 전 재산은 500만 원, 월세는 160만 원. 월세와 물건 대금을 생각하면 한 달 내내 하루 평균 10만 원씩 벌어도 빠듯했다. 그런데 여기에 인건비까지 들어갔다면 어땠을까? 나 혼자 장사를 했으니 망정이지, 만약 직원이 있어서 그 직원의 인건비까지 고려해야 했다면 나는 아마 조급한 마음을 참지 못하고 잘못된 판단을 했을지도 모른다.

작은 성공은 큰 성공으로 가기 위한 도움닫기다

성공한 기업인 중에도 지하 창고에서 사업을 시작한 경우가 많다. 애플의 스티브 잡스, 아마존의 제프 베이조스, 구글의 래리 페이지도 허름한 차고에서 지금의 빛나는 기업들을 시작했다. 다른 사람들의 시선이나 겉모습이 중요한 게 아니다. 리스크를 최대한 줄이고 최소한의 비용과 인원으로 출발하는 것이 중요하다.

나는 지금 해외 무역업과 더불어 유튜브, 인스타그램 콘텐츠 기획·촬영·편집과 자산 공부 원데이클래스 등 다양한 사업을 하고 있지만 직원은 많지 않다. 대부분의 일은 내가 AI 등의 시스템을 이용해 처리하니 최소 인원만으로도 다양한 사업 운용이 가능하다. 이처럼 창업을 할 때는 작은 1인 기업 형태로 출발하기를 권한다. 온라인으로 가게를 열면 무자본 창업도 가능하다.

큰 목표를 잘게 나누는 게 중요한 이유는, 무엇보다도 '행동할 수 있는 용기'를 주기 때문이다. 작은 성공을 여러 번 쌓아나가면, 첫 번째 일을 시작할 때는 100%의 에너지가 필요하지만 두 번째 일에는 80%, 세 번째 일에는 60%의 에너지만으로도 가능해진다. 나는 이 사실을 예순세 살에 다시 한번 깨달았다. 2022년 겨울, 한 달 내내 인스타그램 라이브를 하면서였다.

그해 7월에 몇 차례 네이버 쇼핑 라이브를 하면서 어느 정도 자신감은 생긴 상태였지만, '1일 1라방'의 반응이 어떨지는 미지수였다. 사실 내가 그걸 해낼 수 있을지도 자신이 없었다. 주변 지인들도 내 계획을 듣고는 다들 뜨악 하는 표정으로 만류했다.

"일주일에 한 번씩 하기도 힘든데, 어떻게 라이브를 매일 하세요. 게다가 매일 똑같이 머플러만 파는 방송이라니……. 얼마나 보겠어요?"

하지만 나는 도전할 가치가 있다는 생각이 들었다. 떨리고 무섭지 않았다면 거짓말이다. 기술적인 문제도 내가 해결해야 하고, 동시에 쇼 호스트 역할도 해야 했다. 첫날은 당연히 실수 연발이었다. 소리가 안 들린다는 시청자, 머플러가 잘 안 보인다는 시청자, 자꾸 방송이 끊긴다는 시청자……. 시청자들이 채팅창에 계속 무언가를 보내는데 잘 보이지 않아서 가까이 다가가다 보니, 내 얼굴이 너무 크게 나와 정작 제품이 보이지 않는다고 시청자들이 항의를 하는 해프닝도 있었다.

한겨울인데도 얼마나 긴장되는지 식은땀이 났고, 언제나 태연하게 하던 제품 설명도 버벅거렸다. 20대 초반부터 밥 먹듯이 해온 게 제품 설명이었는데……. 결국 라이브 첫날은 물건을 단 한 개도 팔지 못했다. 아니, 팔지 않았다. 시청자들에게 긴장되고 당황한 내 마음을 솔직하게 말씀드리고, 오늘은 머플러는 생각하지 말고 재미있게 대화나 하자고 말했다.

그래도 포기하지 않았다. 다음 날 같은 시간에 라이브 방송을 켰다. 시청자들에게 양해도 구하고, 감사 인사도 하며 이어나갔다. 오늘은 어제보다, 어제는 그저께보다 나았다. 차차 내일은 더 나아질 거라는 확신도 생겼다. 그렇게 라이브를 시작하고 한 달이 지나니 정말 '갖고 놀 듯이' 라이브를 하는 내가 있었다. 40여 일을 계속한 인스타그램 라이브는 예상치 못한 큰 매출을 내주기도 했지만, 무엇보다도 성공의 확신을 심어주었다는 점에서 무척이나 가치 있는 도전이었다.

이 전략은 실제로 연구 결과에서도 증명되었는데, 『전진의 법칙』이라는 책에서 저자 테레사 에머빌과 스티븐 크레이머는 직장인들이 그날의 작은 전진(small wins)을 경험할 때 감정과 동기 수준이 급격히 상승했다고 말한다. 또 『리틀 벳』이라는 책에서는 작은 규모의 실험과 도전을 통해 창의적인 아이디어와 큰 성취가 나올 수 있다는 사례들을 알려주기도 했다.

지금 내가 여러 일을 병행할 수 있는 것도 수십 번의 작은 성공 덕분이다. 예전에는 새로운 사업을 시작하려면 80%, 60%의 에너지가 필요했지만 지금은 20%면 해결된다. 40년째 도전을 연습했더니 나는 두려운 게 별로 많지 않다. 완전히 새로운 것에 도전할 때면 두려움이 슬며시 생겨나기도 하지만, '아니야, 도저히 안 될 것 같던 것도 잘 해냈잖아' 하며 금세 마음을 추스르고, 내 이력에서 성공의 근거를 찾는다.

가장 쉽게 인생을 바꾸는
노트 사용법

나는 '취미가 노트 사기'라고 할 만큼 손으로 쓰는 걸 좋아한다. 가장 자주 쓰는 게 '목표'와 '목표를 위한 실행 과제'다. 정말 이루고 싶은 목표를 크게 쓰고, 원하는 삶을 보여주는 사진을 인쇄해 책상 앞에 붙여놓기도 한다. 시각화는 실행을 돕는다. 단순히 머릿속에 있는 걸 글자로 꺼내는 것만으로도 생각과 태도가 달라진다.

양궁 선수들이 금메달을 어떻게 딸까? 화살을 중앙에 꽂으려고 수없이 활을 당긴다. 수천, 수만 번을 당겼을 것이다. 우리 역시 꿈을 이루고 싶다면 목표와 실행 과제를 매일 보면서, 올림픽을 준비하는 양궁 선수의 마음으로 활을 당겨야 한다. 간절하게 바라지도 않으면서 저절로 성공하길 바라는 건 소위 '도둑놈 심보'다.

몇 년 전 친한 사업가들과 버스를 타고 여행을 간 적이 있다. 다들 두런두런 대화를 하거나 창밖의 풍경을 감상하고 있는데, 내 옆자리에 앉아 있던 대표님만 계속 무언가를 쓰고 있었다. 뭘 쓰시냐고 여쭈었더니, '목표 100번 쓰기'를 하고 있다고 하셨다.

"요 몇 년 동안 하루도 빠짐없이 매일 한 것 같아요."

그러고서 얼마 후, 5년간 매일 목표를 적으며 100권의 노트를 채우고 100자루의 볼펜을 비웠다며 사진을 한 장 보내오셨다.

노력하고 행동하는 것을 어렵게 생각하지 말자. 머릿속에만 맴도는 목표를 한 글자 한 글자 써내리는 아주 사소한 행동만으로도 인생은 충분히 바뀔 수 있다.

만약 간절히 성공을 꿈꾼다면, 지금 당장 실천할 수 있는 방법이 있다. 도화지를 하나 꺼내서 반으로 접고, 한쪽에는 내가 어떤 걸 하고 싶으며 정확히 5년 후에 바라는 미래가 무엇인지를 생각나는 대로 써보자. 다 채웠다면, 나머지 한쪽에는 그 삶을 살기 위해 내가 할 수 있는 게 무엇인지 무작위로 써내려 간다. 그러고 나서 가장 쉬운 것부터 번호를 매기고 순서대로 행동으로 옮기는 것이다. 성공했다면 도화지에 체크 표시를 한다. 이 체크 표시가 많아질 때마다 자신감은 커질 것이다. 그리고 어느새 왼쪽의 삶을 이룬 내가 기다리고 있을 것이다.

여자라서, 엄마라서,
너무 늦은 것 같아서

요즘은 '100세 시대'라는 말을 몸으로 실감한다. 어느 날 TV를 보는데 80세인 며느리가 100세가 넘는 시어머니와 함께 사는 모습이 나왔다. 103세 시어머니가 감기 몸살에 걸려 끙끙 앓는 며느리를 위해 읍내까지 걸어가서 약을 사다주는 장면이 나왔다. '모시고' 사는 게 아니라 정말 '함께' 사는 것이다. 근래에는 장례식장에 가면 90세가 넘어 돌아가셨다는 분들이 적지 않다. 아마 지금의 MZ세대가 내 나이쯤이 되면 100세를 넘어

120세 시대가 되지 않을까.

문제는 이렇게 100세 시대를 누리면서도 삶을 설계하는 사고방식은 여전히 과거에 머물러 있다는 점이다. 강연이나 코칭을 하고 나면 꼭 이런 말이 돌아온다. '이제 와서', '늦은 것 같아서', '너무 늦은 나이라'……. 여성일 경우 더욱 그런 경향이 있다.

"평생 살림만 하다 늙었는데, 제가 이제 와서 돈을 벌 수 있을까요? 할 줄 아는 것도 하나도 없는데……."

특히나 전업 주부였던 여성들은 자기가 가진 경험이나 가치를 낮추는 경향이 있다. 하지만 다시 한번 생각해 보자. 평생 살림을 하며 쌓은 경험이 정말 '아무것도' 아닐까? 주부로 살아온 시간은 결코 공백이 아니다. 주부 9단의 살림 비법을 콘텐츠화해도 되고, 아이 돌봄에 도전해도 되고, 요리 관련 일에 도전해도 된다.

만약 아무리 생각해도 수익화를 할 만한 강점이 없다고 해도, 뭐 어떤가? 50살이라고 해도 앞으로 그만큼을 더 살아야 하는데, 환갑이 지났다 해도 살날이 40년이

나 남았는데! 새로운 걸 배워 그것으로 돈을 벌기에 충분하고도 남는 시간이다.

아주 오래 전, 고등학교 때 친구와 통화를 한 적이 있다. 친구는 남편이 기술자인데도 매일 유유자적 낚시만 다녀서 생활비가 빠듯하고, 결국 자신이 아르바이트를 하며 생계를 이어가야 한다고 푸념했다. 그러다 보니 부부 간에 사이도 나빠진 지 오래라고 했다. 그럼 대체 왜 같이 사느냐고 물었더니, 친구는 이렇게 말했다.

"서경아, 이혼하고 싶어도 돈이 없다."

그 한마디는 내 마음에 오랫동안 아프게 남았다. 그게 바로 우리 세대의 현실이다. 집을 사도 명의는 남편이고, 통장 관리도 남편이 하며 아내는 남편이 주는 생활비로 살림을 꾸린다. 그러니 가정의 권력은 돈 관리를 하는 남편에게 있다. 옛날에는 그게 당연했다. 그 당연함 속에서 얼마나 많은 여자가 자존감을 잃고 자신을 지워야 했을까. 나이가 들수록 더 깊이 느낀다.

오랫동안 압구정동과 청담동에 살다 보니 내로라하

는 직업을 가진 부자들을 많이 만났다. 하지만 그 속을 들여다보면, 100억 원을 호가하는 집에 살면서도 남편의 눈치를 보며 편히 살지 못하는 여자들이 적지 않았다. 불만이 있어도 목소리를 못 내고 산다. 남편이 준 VIP 카드로 쇼핑을 하는 모습을 보면 마냥 팔자 좋은 부잣집 사모님으로 보이겠지만, 정작 내 이름으로 된 계좌에는 단돈 10만 원도 없는 그들이 내게는 늘 불행해 보였다.

더 안타까운 것은, 그런 엄마의 모습을 보고 자란 자녀들은 엄마를 낮춰 보는 경우가 많다는 것이다. 아버지가 존중하지 않는 엄마를, 아이 또한 존중하지 않는다. 그래서인지 내 또래의 여성들을 만나보면 자신 있게 행동하거나 새로운 일에 도전하는 사람이 많지 않다. 이미 오래 전부터 스스로를 '할 수 없는 사람'으로 규정해 왔기 때문이다.

나는 20대부터 지금까지 한 번도 '여자라서' 무시당하지 않겠다고 마음먹고 살았다. 그러기 위해 선택한 방법은 단 하나, 실력이었다. 30년 넘게 일간지와 경제 신문, 경제 잡지를 매일 읽으며 공부했고, 정치·경제·사회 이야기가 나오면 어떤 자리에서도 대화에 참여할 수 있을 정도로 세상을 읽으려 애썼다. 넓고 얕아도 괜찮다. 중요한 것은 '멈추지 않는 꾸준함'이었다. 그 시간이 나를 지금의 나로 만들었다.

그리고 지금은 그보다 훨씬 쉬운 길이 열려 있다. 요즘은 돈이 없어도, 결심만 한다면 무엇이든 배우고 시작할 수 있는 시대다. 유튜브만 열어도 유료로 팔아도 될 만큼 퀄리티 높은 강의를 무료로 나누는 전문가들이 넘쳐난다. 문제는 환경이 아니라 결심이다. '이제는 늦어서'가 아니라 '지금부터'라고 생각해야 한다.

각자가 지금 할 수 있는 일을 통해 스스로를 성장시키고 발전시킨다면 누구의 아내도, 누구의 엄마도 아닌 하나의 독립된 인간으로 설 수 있다. 나 역시 60대 중반이라는, 남들은 모두 '늦었다'고 하는 나이에 인스타그램을 시작해 퍼스널 브랜딩을 했고, 그것을 사업으로 만들었다. 내가 특별해서가 아니다. 늦었다는 이유로, 엄마라는 이유로, 여자라는 이유로 포기하지 않았기 때문이다.

지금부터라도 배우고, 시도하고, 성장해야 한다. 그래야 비로소 누구의 그늘이 아닌 자신의 이름으로 살아갈 수 있다. 내가 실제로 그 길을 걸어왔기에 자신 있게 말해줄 수 있다. '100세 시대', 100살을 산다고 가정하고 남은 날이 얼마인지 세어보자. 그 기나긴 날들 동안 지금처럼 산다면 너무 지겹지 않을까? 그러니 스스로를 가두는 걸 멈춰보자. 이제 남은 선택지는 하나다. 계속 '못할 이유'를 찾을 것인가, 아니면 지금부터 움직일 것인가.

PART 3

위기를
기회로 만드는
단단한 마음가짐

실패를 경험치로

바꿀 수 있는 사람은

반드시 성장한다.

IMF,
인생 최대의 위기를 맞이하다

1997년 11월, 대한민국은 IMF 국가 부도를 맞았다. 전 국민이 한순간에 벼랑 끝으로 내몰린 시기였다. 이탈리아에서 머플러를 수입해 국내 캐주얼 브랜드에 납품하는 일을 하고 있던 나 역시 예외가 아니었다. 원래 물건 대금인 4억 원을 은행으로부터 빌려놓았는데, 이탈리아 화폐인 리라의 환율이 110%가 오르면서 물건 대금으로 8억 원을 내야 할 상황에 처했다.

게다가 마침 딱 11월에 수많은 컨테이너가 한국으로

들어오고 있었고, 물건이 도착하는 순간 즉시 대금을 지급해야 했다. 작은 중소기업이 그 엄청난 금액을 갑자기 마련한다는 건 거의 불가능한 일이었다. 지푸라기라도 잡는 심정으로 주위를 둘러봤지만 평소 거래하던 회사들도 각자 살 길을 찾느라 정신이 없었다. 하루아침에 회사가 무너졌고, 담보로 맡긴 친정 엄마의 집까지 잃을 위기에 놓였다. 대기업 규모의 수입 업체들도 버티지 못하고 대부분 파산할 만큼 IMF는 엄청난 사태였다.

그럼에도 나는 무너질 수 없었다. 살아남아야 했다. 여태까지 쌓아온 모든 게 한순간에 날아가기 일보 직전이었지만, 나는 물론이고 우리 직원들 밥줄까지 끊기지 않으려면 앉아서 절망하고 있을 새가 없었다. 일단 적금을 해약해서 1억 5000만 원을 마련하고, 주변 사업가 지인들에게 염치 불고하고 돈을 꾸러 다녔다. 돌려받지 못할 수도 있는 상황인데도 큰돈을 빌려준 은인들에게는 지금까지도 큰 감사함을 갖고 있다. 그렇게 눈앞에 마주한 위기는 넘겼지만 미봉책에 불과했다. 얼른 이 상황을 타개할 방법을 마련해야 했다.

이제 내가 할 수 있는 건 바삐 움직이는 것, 단 하나였다. 하루 세 번, 각각 다른 사람들과 식사 약속을 잡았다. 아침에는 조찬 모임을 하고, 점심에는 협력업체를 만났으며 저녁에는 거래처 사람들을 만났다. 그때 우리 회사 사무실이 코엑스 무역센터에 있었어서, 바로 옆인 인터컨티넨탈호텔 식당에서 하루 세 번 밥을 먹었다. 그리고 식사하면서 들은 한마디가 일생일대의 위기를 기적처럼 기회로 바꾸고, 나아가서는 내 인생까지도 바꿔놓았다.

"함 사장은 이태리 잘 알잖아. 그럼 거기서 브랜드 하나 라이센스 받아서, 한국에서 직접 생산해서 팔아봐요. 지금 수입은 힘들잖아요."

짧은 그 말에서 IMF라는 거대한 옹벽을 빗겨갈 '샛길'을 발견한 것이다.

위기는
다른 이름으로 찾아오는 기회다

그때만 해도 외국에서 들여온 물건이 귀해서 '이탈리아 브랜드'라는 라벨만 붙어 있어도 날개 돋친 듯 팔리던 시절이었다. 현지에서는 크게 유명하지 않은 브랜드라도, 라벨만 가져와서 한국에서 생산한 후 이탈리아 브랜드라는 사실을 강조하면 승산이 있을 것 같았다. 나는 그동안 이탈리아 시장을 오래 다뤄왔고 동대문에서 도매 장사를 한 경력도 있으니 브랜드와의 협상도, 발품 팔아 퀄리티 좋은 옷을 생산하는 공장 찾기도 가능할 터였다. 그러나 맘에 걸리는 건 역시 돈이었다. 회사가 파산하기 일보 직전인 지금, 뭘 믿고 물건을 잔뜩 생산해 판단 말인가? 만약에 옷을 찍어냈다가 팔리지 않고 그 재고를 떠안게 된다면?

협력업체와의 식사 자리에서 이 고민을 털어놓았더니 그가 일말의 망설임도 없이 대답했다.

"홈쇼핑을 하면 되지!"

듣자마자 나도 무릎을 쳤다. 내가 왜 이 생각을 못했을까? 당시는 홈쇼핑의 태동기였다. 39번과 45번 단 두 개의 채널밖에 없었으며, 지금과 달리 재고가 확보돼 있지 않아도 샘플만 통과되면 곧바로 방송이 가능했다. 얼마나 팔릴지 두려움을 안고 무작정 물건을 생산할 필요가 없었다. 나는 돈 한 푼 없이 잘 아는 공장에 부탁해 샘플만 제작했다. 각 채널에 하나씩 소개할 수 있도록 티셔츠와 스웨터 두 종류를 준비했다.

결과는 놀라웠다. 첫 방송에서 2억 원의 매출을 올렸고, 두 번째, 세 번째 방송에서도 완판이 이어지면서 우리 회사의 매출은 V자 그래프를 그렸다. 부도 위기는 무사히 넘어갈 수 있었다. 맨몸으로 사선을 넘은 기분이었지만 또 다른 이유로 가슴이 세차게 뛰었다. 나에게 홈쇼핑과 라이센스 브랜드 사업이라는 새로운 기회가 열린 것이다. 그때 나는 확신했다. 위기는 언제나 다른 이름으로 오는 기회라고.

이 덕분에 우리 회사는 위기에서 완전히 회복했고, 나는《한경비즈니스》에 'IMF를 극복한 사람들'로 소개되기도 했다. 벽을 만났지만 나는 샛길을 찾았고, 그 길이 결국 더 큰 길이 되었다. 만약 IMF가 오지 않았다면 나는 여전히 해외에서 원단을 수입하느라 고생만 하고 있었을지도 모른다.

길이 막히면 샛길로,
길이 없다면 직접 만들어서

'광고 천재'라는 별명으로 유명한 광고인 이제석은 대학생 때 수많은 기업에 이력서를 내고 공모전에 지원했지만 모두 낙방했다고 한다. 생활비라도 벌기 위해 고작 30만 원을 받고 간판 제작 아르바이트를 하던 그는 "그게 무슨 30만 원짜리냐"라는 동네 명함집 아저씨의 말에 약이 올라 미국 유학을 결심했다. 광고계 실력

자만 있다는 스쿨오브비주얼아트에 당당히 합격한 그는 단돈 500달러와 가방 한 개만 쥐고 뉴욕으로 향했고, 나중에는 세계적인 광고 공모전에서 대상을 수상하는 영광을 얻었다. 한국에서는 취업도 하지 못한 청년이 나중에는 최고의 광고인이 된 것이다. 수없이 마주치는 벽 앞에서도 이제석은 절대 포기하지 않고 '미국 유학'이라는 샛길을 찾았다.

인생에 탄탄대로만 펼쳐지면 얼마나 행복하고 좋을까? 하지만 그런 삶은 없다. 누구나 살면서 수많은 벽을 마주하고, 때로는 주저앉기도 한다. 하지만 나는 그것을 결코 '불운'이나 '불행'이라고 말하고 싶지 않다. 벽을 만나 그 벽을 어떻게 뚫고 지나갈 수 있을지 혹은 어떤 샛길이 있을지를 고민하면서 사람은 또 다른 기회를 만날 수 있기 때문이다.

나는 IMF라는, 나 같은 일개 개인의 힘으로는 절대 넘지 못할 것 같은 옹벽을 만났지만 포기하지 않고 계속 살 길을 모색한 끝에 마침내 그 벽을 넘어설 수 있었다. '나는 안 돼' 하고 좌절하면서 내 인생의 잠재력을 포기할 것인가, 오히려 '성장의 기회'로 삼을 것인가는 나 하기 나름이다. 단호하게 말하고 싶다. 벽을 만났다 해도 주저앉아 포기하지 말라고. 멈추기는 이르다고.

세상에 길은 수십 가지다. 내가 가고자 하는 길이 막혔다면 샛길로 가면 된다. 비록 비포장도로라 좀 힘들고 돌아가야 하더라도 어쨌든 길은 있게 마련이다. 어쩌면 벽은 우리를 막는 게 아니라 오히려 새로운 길로 안내해 주는 반가운 이정표일지도 모른다. 그러니 아무것도 하지 않고 멈추는 대신 질문을 던져보자.

'이 벽은 나에게 무엇을 알려주려는 걸까?'

위기를 멈춤이 아닌 전환의 신호로, 벽을 끝이 아니라 방향 전환의 신호라고 생각해 보는 것이다. 그 질문을 할 수 있다면, 벽은 나에게 새로운 기회를 열어주는 문이 될 수 있을 것이다.

'나 여기 있다'고
힘껏 깃발을 흔들어라

외국에서 으레 꼽는 한국인의 단점은 '자기PR이 약하다'는 것이다. 우리나라는 아무래도 예로부터 겸손이 미덕이었던 유교 국가라서인지, 칭찬을 하면 다들 이런 반응부터 보인다.

"아니에요, 운이 좋았던 거지요."

지금까지 만났던 사람 중 칭찬을 했을 때 '제가 이런 강점이 있어서 이번 프로젝트를 성사시킬 수 있었습니다' 하며 자기 어필을 하는 사람은 아무도 없었다. 보통은 겸연쩍어 하면서 '대표님이 도와주신 덕분입니다', '운이 좋았나봐요', '팀원들이 잘해준 덕입니다' 같은 대답이 돌아온다.

물론 겸손한 태도를 갖는 건 좋지만 그것이 너무 과하진 않은지, 자기PR이 너무 부족하지 않은지 점검해 볼 필요가 있다. 그런 태도가 내 제품, 서비스, 그리고 나의 강점을 오히려 묻히게 만들고 있을지도 모른다.

비즈니스 컨설팅을 해보고 무척 놀란 사실은, 적극적으로 영업하고 알리는 사람이 생각보다 적다는 것이었다. 내 생각보다 많은 사업가가 그저 가만히 앉아서 누군가가 자기를 발견해 주기를 기다리고 있었다. 하지만 내가 움직이지 않는데 나를 찾아줄 사람이 대체 어디서 나타날까?

사람들은 언제나 무언가를 찾고 있다. 마음에 드는 것이 나타나면 얼마든지 지갑을 열고 박수 칠 준비도 되어 있다. 나를, 그리고 내 것을 알리기만 하면 기꺼이 반응해 줄 고객은 의외로 곳곳에 널려 있다. 나는 이 사실을 20대 초반에 몸으로 배웠다.

방문 영업에 도전한 20대 아가씨

지금 돌이켜 보면 스물세 살의 나는 그야말로 벼랑 끝에 서 있었다. 1남 4녀 중 둘째딸로 태어난 나는 형제자매 중 가장 평범한 아이였다. 언니는 미스 강원에 뽑힐 만큼 특출 나게 예뻤고 여동생은 학교 선생님들이 모두 알 정도로 공부를 잘했지만, 나는 외모가 뛰어나지도 않고 공부도 못해서 학교에서는 곧잘 천덕꾸러기 취급을 받곤 했다. 내세울 거라곤 하나도 없었고 이뤄 놓은 것도 없었기에 항상 인정 욕구에 시달렸다.

그랬던 내가 180도 변한 계기는 아버지의 죽음이었다. 보잘것없는 나를 유달리 아끼고, 지갑에 증명사진을 넣고 다니면서 "우리 딸이에요, 예쁘지요?" 하고 자랑하던 '딸바보' 아버지의 죽음은 나를 각성시켰다. 차라리 아버지 무덤에 함께 들어가겠다고 쓰러져서 목 놓아 울던 나는 집으로 와서 정신을 차렸다. 아버지가 돌아가시고 어머니까지 패혈증으로 몸져 누우신 지금, 이 집안을 일으킬 것은 오로지 나뿐이다. 가족을 위해서는 무엇이든, 심지어 그게 내 목숨일지라도 기꺼이 내놓겠다는 심정으로 나는 본격적으로 생계에 뛰어들었다.

'아버지가 내게 그렇게 각별한 사랑을 주신 건, 나에게 이 집안을 책임지라는 뜻일 거야. 내가 우리 집 가장 역할을 할 사람이니까 그렇게 끔찍이 아끼셨겠지.'

나는 그 무렵 강릉에서 작은 옷 가게를 운영하고 있었다. 매출은 그럭저럭 안정적인 편이었고, 가게도 어느 정도 자리를 잡아가고 있었다. 하지만 어머니의 병간호를 하며 다섯 식구의 생계를 책임지기에는 수입이 턱없이 부족했다. 결국 나는 '보험 영업'까지 병행하기로 마음먹었다. 이모를 만나러 갔다가 우연히 이모의 지인 한 분과 대화를 나누게 되었는데, 그분이 보험회사의 소장이었던 것이다. 그분이 무심히 건넨 말 한마디가 내 마음을 사로잡았다.

"보험 영업은 일한 만큼 벌 수 있는 직업이잖아요. 어디 가서 취직하면 일을 잘하든, 못하든 월급 7만 원밖에 못 버는데, 보험 영업은 인센티브가 있으니까 잘만 하면 훨씬 많이 벌 수 있지."

그 말에 귀가 확 트였다. 그때의 내게는 돈이 무엇보다도 간절했기에.

사실 지금과는 분위기가 많이 다른 시절이었다. 당시만 해도 대학 졸업장을 받아도 '결혼 라이센스'일 뿐, 취업과는 연결되지 않던 때라 사회생활을 하는 여성 자체가 드물었다. 그러니 20대 여자가 집집마다 돌아다니며 보험 영업을 하는 모습은 더욱 상상하기가 힘들었다. 더군다나 '보험'도, '영업'도 사람들에게 아직 생소한 개념이었다.

하지만 그때의 나에게는 이 직업만이 지금의 위기에서 도망치지 않아도 되는 유일한 기회처럼 들렸다. 그래서 나는 거리낌 없이 그 길을 선택했다. 그리고 뜻밖에도 이 일은 나에게 최고의 영업 비결을 알려주었다. '내가 움직이기만 하면, 내 물건과 서비스를 사줄 고객은 얼마든지 발견할 수 있다'는 사실 말이다.

젊은 아가씨가 보험 영업을 하는 게 당연히 쉽지는 않았다. 강릉이 작은 도시이다 보니 용기 내어 문을 두드리고 들어가면 지인의 집인 경우도 많았다. 친구는 물론이고 학교 선생님을 만나기도 했다. 아는 사람에게 거절당하면 어린 마음에 상처도 받았다. 그럼에도 나는 일을 시작하면서 스스로에게 부여한 아주 단순한 미션을 매일 목숨처럼 지켰다.

'하루에 계약 한 건을 하지 못하면 집에 돌아가지 않는다.'

가장 먼저 떠오른 사람들은 친구들과 가까운 지인들이었다. 용기를 내 보험 가입을 부탁했다. 그리고 거절당했다. 지금 와서 생각해 보면 당연한 일이다. 보험이라는 상품에 대한 이해도 없었고, 보험이라는 개념 자체가 낯설고 부담스럽던 시절이니까. 한 번 거절당할 때마다 크게 좌절했다. 부끄러웠고, 자존심이 무너졌다. 스스로가 한없이 작아지는 기분이었다. 그래도 그만두지는 않았다. 한 건 이상 계약하지 않으면 집에 돌아가지 않겠다는 나 자신과의 약속 때문이었다.

그렇게 하루를 버티고 또 하루를 더 버텼더니, 나중에는 전국에서 보험왕 2등을 할 만큼 많은 실적을 냈다. 그때는 자기계발서를 읽지도 않아서 동기 부여 방법 같은 것들은 전혀 몰랐는데, 스스로에게 했던 그 다짐이 내게 동기 부여이자 확언이었던 것 같다.

어딘가에는 반드시
나를 애타게 기다리는 고객이 있다

그 덕에 세상에는 나를 찾는 사람이 단 한 명이라도 있다는 것도 배울 수 있었다. 누군가는 나를 기다리고 있다. 내가 가진 상품을 필요로 하는 사람이 있다. 이 사실을 배워서 나중에 의류업을 할 때도 써먹었다. 동대문에서 의류 도매를 하던 시절, 나는 항상 자동차 트렁크에 옷 샘플을 가득 넣고 다니며 운전을 하던 중에도 옷 가게가 보이면 무조건 문을 열고 들어가 가게 주인에게 영업을 했다.

가게 주인들도 처음에는 경계 태세부터 보였다. 방문 영업은 백과사전을 들고 다니며 파는 사람만 있던 때였다. 그러니 색안경을 끼고 미덥지 않은 눈빛으로 바라보는 사람도 있고, 또 어떤 사람들은 내가 뭐라고 말하든 손사래를 치며 나를 내보내기도 했다. 하지만 그들은 어찌 됐든 장사꾼이다. 장사꾼은 누구나 물건 욕심이 있다. 좋은 물건을 꺼내 보여주고 나면 태도가 바뀔 거라고 생각하며 나는 부랴부랴 샘플부터 꺼내놓았다. 내 물건에 충분히 자신이 있었다. 더군다나 '보험'이라는 무형의 상품도 팔았던 나인데, 형태가 있는 옷을 못 팔 이유는 없었다. 어떤 주인들은 물건을 보고 태도가 확 바뀌었다. 상상도 못 한 만큼 대량의 주문을 해준 사람도 있었다. 그때 확신했다. 누군가는 내가 가지고 있는 물건을 필요로 한다고, 그러니까 열심히 다니며 '나 여기 있다'고 알려야 한다고.

온 힘을 다해
영업해 본 적이 있는가

청담키위영어도서관을 차렸을 때, 나는 방송국이며 신문사, 잡지사에 '이런 도서관이 있다'고 먼저 자료를 배포했다. 내 도서관은 다른 도서관 대비 월등한 장점이 있으니, 분명 누군가는 이 장점을 알아봐 주고 취재를 할 것이라 생각했다. 기자들도 결국 기삿거리를 찾아다니는 사람 아닌가? 예상대로였다. 덕분에 조선일보에 크게 기사가 실렸고, 이를 계기로 한 대형 백화점에서 입점 제안이 오기도 했다.

결국 기회는 스스로 만드는 것이다. '왜 나에겐 기회

가 오지 않을까' 원망하지 말고 한번 자문해 보길 바란다. 온 힘을 다해, 진심으로 영업해 본 적이 있는가? 정말 절박하다면 SNS에 매일 글을 올리고, 각종 커뮤니티에 내 제품과 서비스를 알리고, 다 해봤는데도 안 된다면 길거리에 나가 전단지라도 돌려야 한다. 과연 내 것을 사줄 사람이 있을까 두렵고 망설여질 때, 거절당하지는 않을까 위축될 때 이렇게 큰 소리로 말해보자.

"지금 누군가는 내 상품을 간절히 찾고 있다. 먼저 깃발을 흔들고 알리면 내 영업을 고마워해 줄 사람이 분명히 있다!"

빈털터리 옷 가게 주인에서 보따리 무역상으로

며칠 전, 한 특별한 친구와 식사를 했다. 인스타그램을 통해 알게 된, 오직 DM과 댓글로만 소통했던 '인친'이다. 우리는 처음 만나는 사이였지만 예전부터 오래 알고 지낸 친구처럼 청담동의 식당에서 세 시간을 신나게 떠들었다. 오랫동안 화장품 업계에서 일했다는 인친은 내가 모르는 화장품의 세계를 알려주었다. 얼마나 신기하고 재미있는지! 우리는 한참 동안 떠들고서도 "너무 재미있다, 우리 또 만나자" 하면서 헤어졌다.

내가 직접 사업을 해본 분야, 배운 분야는 잘 알지만 다른 업계는 모른다. 그러니까 그 업계에서 일했던 사람과 만나 현장의 생생한 이야기를 들으며 배우는 것이다. 내가 머플러와 원단을 잘 안다면 이 사람은 화장품을 잘 알고, 또 어떤 사람은 식품 원료를 잘 안다. SNS를 통해 그런 새로운 친구들을 만날 때면, '어딜 가서 이런 스승을 만나나' 싶어 즐겁고 감사하다. 나는 '사람 욕심'이 많다. 예전부터 궁금한 게 있으면 그 분야의 전문가를 찾아가 물어보고, 배우는 일을 즐겼다.

새로운 일을 시작할 때도 '내가 이걸 할 수 있을까?', '이게 될까, 안 될까?'를 재고 따지기보다는 일단 실행하고 그 일을 잘하는 사람, 전문가를 데려다가 초스피드로 배운다. 즉, 내 장기는 '레버리지'다. 사업을 하는 40년 동안 수없이 위기를 마주하며, 사람에게 답을 구하는 것보다 빠른 방법은 없다는 걸 깨우친 덕분이다.

고객 없이 재고만 남은
절체절명의 순간

1986년 서울 아시안게임, 명동 사보이호텔에서 보세 옷 가게를 막 시작했던 시절이었다. 나라 전체가 들썩이는 것 이상으로 명동 상인들도 한껏 들떴다. '아시안게임 특수'라는 행운이 장사에도 찾아오리라는 기대 때문이었다. 너 나 할 것 없이 은행에 돈까지 빌려가며 물건을 들여와 가게에 산더미처럼 쌓아놓고 외국인 관광객들을 기다렸다. 나도 예외가 아니었다. 아시안게임으로 큰돈을 벌 수 있을 거라는 꿈에 부풀어 빚까지 내서 옷을 잔뜩 준비해 두었다.

하지만 예상은 완전히 빗나갔다. 외국인 관광객들은 아시안게임 경기만 관람한 후 홀연히 일본으로 떠났다. 그때까지만 해도 우리나라에는 좋은 물건이 많지 않았기 때문이다. 순식간에 모든 상인이 망연자실해졌다. 명동 전체에 우울한 실망감이 감돌았다. 하지만 나에게는 넋 놓고 있을 시간조차 없었다. 당시는 내가 장사를 시작한 지 얼마 되지도 않았을 때라, 이 물건들을 팔지 못하면 전 재산을 날리고 빈털터리가 되어 꼼짝없이 강릉으로 돌아가야 했다. 벼랑 끝에 선 나를 버티게 한 건 '성공한 사업가가 되어 강릉으로 돌아오겠다'는 상경 당시의 굳은 다짐이었다. 이 상태로 강릉에 돌아갈 수는 없었다. 그래서 아시안게임 특수가 물거품이 된 그 순간에도 내 머릿속엔 단 하나의 문장만 맴돌았다.

'어떻게든 살아남아야 한다.'

죽으라는 법은 없다, 아니 죽어도 살 길은 있다

그때 머릿속에 퍼뜩 떠오른 것이 이전에 우리 가게에 왔던 한 손님이었다. 일본에서 일하는 한국인이라고 소개한 그녀는 우리 가게 물건이 너무 좋다며 자신의 명함을 건네고 갔었다. 그때 우리 가게에 처음 와서 인사를 나눴을 뿐, 그녀와는 어떤 친분도 없었다. 그럼에도 일단 그 명함 한 장을 믿어보기로 했다. 한국에서 팔리지 않는다면, 일본이라는 더 큰 시장에서 팔아야 한다는 생각이 들었다. 한국에서는 도저히 이 수많은 재고를 처리할 방법이 없다고 판단한 것이다.

하지만 먼저 전화를 해서 상황을 설명하면 '오지 말라'고 할 수도 있을 것 같았다. 그래서 나는 아예 실행부터 하기로 했다. 남대문에서 검정색 이민 가방 두 개를 사서 물건을 가득 채운 뒤, 무작정 도쿄행 티켓을 끊고 인생 처음으로 비행기에 몸을 실었다. 강릉에서 보따리를 들고 서울로 올라올 때와 똑같은 마음이었다. 일본에 도착해 한숨 반, 두려움 반을 안고 공중전화기로 그 명함 속 전화번호를 누르던 그 순간이 아직도 생생히 기억난다.

"안녕하세요, 한국 명동 사보이호텔 1층에 있는 옷가게 기억하세요? 그때 저한테 명함을 주셨는데…….

가게 사장 함서경이에요."

"어머, 함 사장님! 당연히 기억하지요. 웬일이세요?"

그분은 다행히 나를 기억하고 반갑게 맞이해 주었지만, 도쿄 공항에 도착해 있다는 내 말에 깜짝 놀라며 대체 무슨 일이냐고 물었다. 나는 솔직하게 자초지종을 설명하고 도와달라고 말했다.

알고 보니 그분은 신주쿠 클럽에서 일하며 가족의 생계를 혼자 책임지고 있다고 했다. 자신도 힘든 시간을 지나온 사람이라서인지, 내 사정을 듣더니 나를 적극적으로 도와주었다. 친구들을 모두 불러 내가 가져간 물건을 하나도 남김없이 다 팔아준 것이다. 여럿이 와서 내가 준비한 옷들을 두 벌, 세 벌씩 집으며 "너무 예쁘다", "어머, 상품이 너무 좋다"를 연발하는 이들을 보며 얼마나 마음이 놓이고 벅차올랐는지 모른다. 내가 가져간 물건이 모조리 팔렸을 때, 그분은 이렇게 말했다.

"함 사장님, 한국에 돌아가시면 새로 나오는 물건들도 보내주세요. 제가 일본에서 장사하시는 사장님도 소개해 드릴게요."

그렇게 그녀는 일본 바이어까지 소개를 해주었고, 나는 아시안게임 때문에 가득 안고 있던 재고를 다 팔았음은 물론이고 일본 거래의 물꼬까지 틀 수 있었다. 눈앞에 놓인 거대한 벽을 뚫고 다시 길 위에 우뚝 선 순간이었다. 이 작은 성공이 이후 일본, 홍콩, 싱가포르를 지나 유럽까지 이어지는 '보따리 무역'의 첫걸음이 되었다. 이때 '내가 고른 물건이 해외에서도 통한다'는 자신감과 '해외에서도 충분히 일할 수 있다'는 용기를 얻은 덕분에 외국어 한마디도 못하면서 비행기에 올라탈 수 있었던 것이다.

이민 가방, 그것도 팔아야 할 물건만 가득한 이민 가방 두 개만 들고 무작정 일본으로 떠난다는 것은 지금이라면 상상도 못 할 무모한 행동이다. 하지만 그때 내게 남아 있던 건 오직 간절함과 행동력뿐이었다. 그날 나는 처음으로 깨달았다. 벽은 두드리는 사람에게만 열린다는 것을, 정말 간절하다면 자존심도, 체면도 내려놓고 도움을 청할 용기가 필요하다는 것을.

‘두드리면 열린다’는 말의 진짜 의미

이민 가방을 짊어지고 일본에 갔던 스물여덟 살의 나는 정말 생 초짜 사업가였다. 아니, 사업가라는 말을 붙이기도 민망한 작은 가게 주인일 뿐이었다. 경영은 물론 장사조차도 제대로 배운 적 없고, 사업을 시작할 자금이 풍부했던 것도 아니며 전략이나 계획도 전혀 없었다. 그 외에도 미숙한 것투성이였다. 그랬던 내가 어떻게든 혼자 힘으로 그 상황을 타개하려 했다면, 방법을 찾을 수 있었을까?

아마 어려웠을 것이다. 머릿속에서만 이리저리 궁리를 해보다가 결국은 포기했을지도 모른다. 젊었을 때의 나에게 ‘잘했다!’고 말해주고 싶은 부분은 두려움 없이 도움을 요청하고 조언을 구했던 것이다. 즉, 요즘 말로

'레버리지'다. 레버리지라는 말도 몰랐던 시절이지만 나는 열심히 사람들을 레버리지했다. 모르면 거침없이 물어보고, 찾아가 부탁하는 것도 서슴지 않았다.

시간이 지나 본격적인 무역업을 하게 된 나는 일본 종합상사인 도레이에서 의류용 원단을 수입하고 싶었다. 일본은 물건을 팔 때든, 살 때든 거래 계약을 맺기가 쉽지 않은 나라다. 더군다나 도레이는 우리나라의 코오롱 같은 대기업과 직접 거래하는 곳으로, 유니클로와 히트텍 원단을 공동 개발한 세계적인 소재 기업이다. 그런 첨단 원단을 개발하는 곳이다 보니 기술 유출을 우려해 원단 신제품이 나와도 외국에는 수년은 지나야 수출을 할 정도로 깐깐하다고 악명이 높았다. 그러다 보니 우리 회사 같은 소규모 기업, 더군다나 나 같은 초보 무역업자가 거래를 트기는 여간 어려운 게 아니었다. 이럴 때 방법은 하나밖에 없었다. 도움을 구하는 것 말이다.

지인들에게 고민을 털어놓았더니, 원단 회사를 운영

하던 지인이 적임자가 있다며 소개해 주었다. 일본의 5대 종합상사 중 하나인 미쓰이 상사에서 근무하고, 이후 코오롱에서 10년이나 일한 후 정년퇴직을 했다는 어르신이었다. 지인의 회사에서 일하셨는데, 지인이 폐업을 하게 되는 바람에 마침 갈 곳이 없어 난감하던 차였다고 했다. 지인은 나이가 거의 80세가 다 되신 분인데 괜찮겠느냐며 조심스럽게 물었지만, 나이는 전혀 문제가 아니었다. 어디 가서 그런 귀한 경험과 내공을 가진 분을 만나겠는가. 오히려 경험 적은 초보 사업가였던 내게 거대한 레버리지 기회였다!

나는 그분을 당장 우리 회사의 고문으로 모셨다. 고문님 덕분에 우리 회사는 본격적으로 도레이, 미쓰이 같은 일본 대형 종합상사와 거래를 시작할 수 있었다. 망설이지 않고 도움을 청한 덕분에, 또다시 벽을 뚫고 길에 우뚝 설 수 있었던 것이다.

고문님은 그 밖에도 아직 초보 티를 벗지 못한 사업가였던 내게 어른으로서 많은 가르침을 주었다. 외부에서 전화가 걸려오면 절대 먼저 끊지 않는다든가, 손님이 우리 회사를 방문하면 응대하는 직원은 물론이고 사장부터 전 직원이 일어나 인사를 한다든가 하는 사소하지만 기억에 오래 남는 비즈니스 매너들이다. 현지에서 오랫동안 근무하며 보고 배운 일본인들만의 섬세한 예의와 배려를 회사에 남겨주신 것이다. 돈을 주고도 살 수 없는 현장 경험을, 일타강사에게 족집게 과외를 받다시피 배웠다.

인생을 살다 보면 누구나 예기치 않은 큰 벽을 만난다. 하지만 그 벽을 반드시 나 혼자만의 힘만으로 넘을 필요는 없다. 때로는 옆에서 벽을 밀어주는 사람과 함께해도 된다. 아니, 그것이 위기를 가장 현명하게 넘어서는 비결이다. 그러면 망설이지 않고 물어보고, 도와달라고 하면 되는 것이다. 생각에만 머무르지 않는 사람이 기회를 잡는다. 일단 문을 두드리는 데서부터 변화가 시작된다는 걸, 나는 살면서 참 많이 배웠다.

'토종 콩글리시'로
원어민과 대화하는 비결

세상에는 세 부류의 사람이 있다. 첫 번째는 생각만 하는 사람이다. 이런 사람들은 늘 완벽을 추구하기 때문에, 머릿속에 아무리 아이디어가 있어도 생각만 할 뿐 정작 단 한 발짝도 내딛지 못한다. 공부하고, 분석하고, 또 준비하지만 '이 정도로 되겠어?'라는 생각에 결국은 실행하지 않는다. 이런 유형이 전체 사람들 중 80% 이상이다.

두 번째는 한두 번 시도하다 멈추는 사람이다. 처음

에는 의욕적으로 시작하지만, 결과가 기대에 미치지 못하면 금세 의기소침해져서 영영 포기하거나 다시 도전하더라도 오랜 시간이 걸린다. 이런 사람이 약 10% 정도 된다.

그리고 마지막, 세상에 오직 몇 퍼센트밖에 없는 유형이 바로 '될 때까지 하는 사람'이다. 이들은 시도해서 안 되면 또 하고, 안 되면 방법을 바꿔 다시 해보고, 그럼에도 안 되면 샛길이라도 찾는다. 그렇게 수많은 실패를 통해 끝내는 성공 공식을 완성한다.

엉터리 콩글리시여도 괜찮아

몇 년 전, 나는 아들과 함께 캐나다 밴쿠버에서 4년을 산 적이 있다. 현지에 살던 다른 한국인 엄마들은 내게 어쩜 그렇게 외국인들과 편하게 지낼 수 있냐며 종종 부러워하곤 했다. 사실 내 영어는 결코 유창하다고는 할 수 없는 실력이었다. 현지인이라면 알아듣기 어려운 발음인 데다가 문법은 엉망이고 어순도 내 멋대로, 심지어 단어도 생각나지 않아서 엉뚱한 말을 하기 일쑤였다. 그럼에도 나는 그냥 내 방식대로 말했다. 단어가 생각나지 않으면 몸으로 표현하고, 표정으로, 눈빛으로 하고 싶은 말을 했다. 그게 나의 커뮤니케이션 방식이었다.

학부모 모임 날이 되면 한국인 부모들뿐 아니라 외국인 학부모들도 한자리에 모인다. 캐나다에는 워낙 다양한 인종이 살다 보니 외국인들도 나를 낯설어하지 않고 먼저 스몰톡을 걸어오곤 했는데, 나는 그런 외국인 학부모들과도 보디랭귀지를 섞어가며 스스럼없이 대화했다.

"언니는 영어로 말할 때 틀릴까 봐 두렵지 않으세요? 외국인 앞에서 어떻게 그렇게 거침없이 말을 하세요?"

가깝게 지내던 한국인 엄마들은 학부모 모임이 끝나면 가끔 이런 질문을 했다. 실제로 영어를 유창하게 하는 사람이 아닌 이상, 많은 한국인 엄마들이 한국인끼리만 대화할 뿐 캐나다 현지인 부모와는 잘 어울리지 않으려 했다. 심지어 그중엔 대학에서 영어영문학을 전공했다는 엄마도 있었는데, 뜻밖에도 그녀는 외국인 앞에 서면 한마디도 하지 못했다. 왜 그러냐고 했더니, 머릿속으로 문장을 이리저리 조립하며 '이게 맞나? 아니, 문법이 저게 맞나?' 하며 고민하다가 결국 입을 아예 떼지도 못한다는 것이었다. 그때 나는 확신했다. 틀릴까 봐 멈추는 사람은 결국 아무것도 못하게 된다는 걸.

나는 완벽하게 말하려고 애쓰지 않았다. 그냥 하고 싶은 말을 내 느낌대로 했다. 그러자 신기하게도 사람들은 내 말을 다 알아들었다. 그 틀린 영어에 '에너지가 있다'고 말하는 사람도 있었다. 일단 내 방식대로 영어로 말하면 아들의 선생님은 웃으면서 발음이나 문법을 고쳐주었다. 그러면 나는 배우면 되는 것이다. 그렇게 몇 번을 틀리고, 고쳐주고, 배우는 과정을 거치면서 선생님은 4년 동안 직접 내 생일 파티를 열어줄 정도로 가까운 친구가 되었다. 지금도 우리는 여전히 안부를 주고받는 사이다. 그런 나를 보며 사람들은 농담처럼 말했다.

"언니는 이민자보다 더 이민자처럼 산다니까요."

그 말이 어찌나 웃기고, 또 기분이 좋던지. 나는 영어를 못하는 걸 부끄러워하지 않았다. '나는 한국인이고 영어는 내 세컨드 랭귀지다. 캐나다 사람들이 한국어를 못하듯, 내가 영어를 완벽하게 못하는 건 당연하다.' 이 단순한 생각이 나를 자유롭게 했다. 틀리더라도 두려워하지 않고 말을 걸다 보니 영어 학원을 다니지 않아도 대화 속에서 자연스럽게 영어를 터득하게 되었다. 저절로 말하기가 늘고, 사람들과 관계를 맺으며 문화도 익힐 수 있었다. 지금도 나는 여전히 영어가 유창하지는 않지만, 내가 원하는 바를 어떻게든 전달할 정도의 회화 실력은 갖추고 있다.

이는 영어뿐 아니라 인생의 모든 일에도 적용되는 원리다. 완벽하게 준비하지 못했어도, 틀릴까 봐 두려워도 일단 시작해야 한다. 그게 배우면서 점차 나아갈 수 있는 유일한 방법이다.

실패할수록
리스크가 줄어든다

내가 인스타그램을 시작했을 때도 그랬다. 나라고 해서 60대에 처음 해보는 SNS가 쉽고 재미있기만 했을까. 영상이 생각했던 것처럼 나오지 않아서 몇 번씩 다시 찍기도 했고, 그렇게 겨우 완성한 영상이 썩 마음에 들지 않을 때도 있었다. 촬영도 서툴고 편집도 어려웠다. 하지만 나는 완벽하게 하려 하지 않았다. '명절이든 주말이든 하루도 쉬지 않고 올릴 것', 그 한 가지 원칙만 지키고 매일 영상을 찍어 부지런하게 업로드했다. 그렇게 쉬지 않고 계속하다 보니 무엇이 사람들의 반응을 이끌어내고, 또 어떤 내용은 외면받는지를 몸으로 배우게 되었다.

"그건 캔디 언니니까 가능했던 거지요."

부러움과 속상함, 투정이 섞인 말을 들을 때마다 나는 언제나 고개를 힘차게 젓는다. 나는 남들보다 어떤 능력이나 센스가 월등해서 사업에 성공하고 인플루언서가 된 게 아니라고. 내가 남들보다 뛰어난 게 있다면 자기 확신과 신뢰 그리고 행동력이다. '무언가 될 것 같다' 하는 아이디어가 떠올랐을 때 될까 안 될까, 실패하면 어쩌나, 망설이고 재고 따지는 게 아니라 일단 행동하고 보는 것.

경영학 교수라고 해서 사업을 하면 모두 성공할 수 있을까? 경제학 교수들은 전부 주식 투자의 달인일까? 당연히 아니다. 진짜 배움은 책 속이 아니라 실행 속에 있다. 결국 모든 건 직접 해보면서 배울 수 있는 것이다. 그 과정에서 실패해도 기죽을 것 없다. 실패는 책이 가르쳐주지 않는 걸 알려주는 가장 빠른 선생님이니 말이다. 아, 이건 내가 실수했구나, 내가 미숙했구나, 다음에 할 때는 이런 점을 조심해야겠다…… 배우는 것이 무궁무진하게 많다. 다양한 실패를 겪을수록 배우는 게 많아지니 실패할수록 리스크는 오히려 줄어든다. 작은 시도를 하는 과정에서 생겨난 실패들은 내 안에 쌓여서 나의 자산이 된다.

사업을 하며, 또 인생을 살아오며 나는 수없이 넘어졌다. 하지만 지금 돌이켜 생각해 보면 그 어떤 실패도 진짜 실패는 아니었다. 사건이 닥쳤던 그 순간에는 분명 고통이었지만, 시간이 지나면 모두 나를 단단하게 만들고 그릇을 키워주는 자양분이 되었다. 이만큼 살아 보니 자신 있게 말할 수 있다. 세상에 실패는 없다. 단지 시도하지 않은 사람과 계속하지 않은 사람이 있을 뿐이다. 틀릴까 봐 아무것도 못하고 내내 멈춰 있는 사람이 될 것인가, 매일 단 한 걸음씩이라도 나아가는 사람이 될 것인가는 전적으로 나의 선택에 달려 있다.

실패를 통과하는
단단한 태도에 관하여

누구에게나 뼈아픈 실패 경험이 있을 것이다. 나에게도 '실패'라는 말을 들으면 가장 먼저 떠오르는 큰 사건이 있다. 비즈니스를 하면 손해 볼 일이 없으려야 없을 수가 없기에 나는 웬만한 일에는 꽤나 초연한 편이지만, 그럼에도 정말 눈앞이 캄캄해질 만큼 큰 실패였다. 무려 4억 2000만 원을 떼인 것이다. 잊기도 어려운 금액이다.

이탈리아에서 수입한 머플러를 국내 거래처에 납품

하는 일을 할 때였다. 어느 날 이름이 생소한 한 브랜드에서 머플러를 대량 발주해 왔다. 백화점에 입점해 있는 브랜드이고, 연 매출도 100억 원이 넘는다고 했다. 나는 큰돈을 벌 수 있다는 욕심에 더 자세히 알아볼 생각은 하지 않고 덜컥 머플러를 납품해 버렸다. 하지만 물건을 보내고 얼마 후, 그 회사는 오래 지나지 않아 연락이 두절돼 버렸다. 무려 4억 원어치가 넘는 물건을 보냈는데 말이다. 그제야 초조해져서 업계 동료들에게 이 브랜드를 아느냐며 다급히 전화를 돌렸다.

"아이고, 함 사장도 당했구만. 그놈들 사기꾼이야. 당한 사람이 한두 명이 아니라고! 아마 벌써 부도내고 튀었을 거야."

알고 보니 그들은 상습적으로 매출을 올렸다가 물건을 받고서는 부도를 내고 달아나 버리는 수법으로 나뿐 아니라 여러 사람을 속인 사기꾼이라고 했다. 결국 나는 단돈 10원도 돌려받지 못한 채 그 거액을 다 잃었다. 충격이 얼마나 컸는지, 그때의 심경이나 내가 어떻게 대처했는지 등이 마치 '필름이 끊긴' 것처럼 잘 기억이 나지 않는다. 은행에서 빌린 돈, 강릉의 친언니가 계모임에서 탄 돈, 고향 지인에게 빌린 돈을 어찌저찌 모아 겨우 물건 대금을 처리했던 기억 정도가 전부다.

이 일을 겪고 나서 세운 원칙이 두 가지 있다. 첫째는 '입금이 먼저, 납품은 그다음'이고 둘째는 '거래 전 반드시 신용 조회를 통해 상대를 검증할 것'이다. 5000만 원어치든, 1억 원어치든 아무리 큰 금액의 계약이라 해도 외상 거래를 요청하면 손사래를 치며 '돈이 되는 만큼만 가져가라'고 말했다. 한 번의 쓰라린 경험이 내 비즈니스의 기준이 된 셈이다.

실수한 나를
마주할 수 있는 용기

또 이런 경험도 있다. 아직 해외 의류 수입이 자유화

되기 전이었다. 싱가포르의 한 업체에서 정식 매장에 풀리지 않은 명품 브랜드의 재고를 싸게 준다며 '현금을 먼저 보내면 물건을 확보해 주겠다'고 제안해 왔다.

철석같이 믿고 4000만 원을 송금했지만 결과는 사기였다. 이때를 계기로 나는 절대 해외 업체와 개인 간 직거래를 하지 않는다. 해외 거래를 할 때는 반드시 신뢰할 수 있는 에이전트를 끼고 진행하고, 국내 제조업체와 일할 때도 꼭 정식 계약서를 작성해 빈틈이 생기지 않도록 한다. 국내 거래의 경우는 그나마 문제를 해결하는 게 쉬운 편이긴 하지만, 그렇다 해도 문제가 발생했을 때 내가 겪어야 할 스트레스와 소모적인 에너지, 시간 낭비는 보상받을 수 없다. 그러니 처음에 계약할 때부터 만전을 기하는 게 낫다. 4000만 원이란 손해는 뼈아팠지만, 그 일을 계기로 비즈니스의 철칙을 정비한 덕분에 더 이상 비슷한 피해를 겪지 않게 되었다.

이런 경험은 단순히 '당했다'고만 생각하며 흘러가게 두어서는 안 된다. 조금 괴롭더라도 왜 이런 일이 일어났는지를 샅샅이 살펴보고, 똑같은 실패를 반복하지 않으려면 어떤 점을 고쳐나가야 하는지 냉정하게 판단해야 한다. 이런 냉철한 부분은 내가 다른 사람들과 구별되는 점이자 나의 장점인데, 얼마나 큰 문제가 발생했든 지나간 일은 신경 쓰지 않는다는 것이다. 웬만한 사람 같으면 술독에 빠진 채 좌절하고만 있을 일이 터져도 나는 '이제부터 뭘 할 수 있지?', '지금부터 어떻게 이 문제를 해결하지?'에 집중했다. 이미 일은 벌어졌고, 내 돈을 돌려받을 확률이 극히 낮다면 누군가의 멱살을 잡고 죽이네, 살리네 실랑이를 벌여도 해결되지 않는다. 그러니까 어떻게 해결할 것인지, 그리고 다음부터는 어떻게 하면 똑같은 일을 반복하지 않을지에 에너지를 집중해야 한다는 게 나의 지론이다.

게다가 사기꾼에게 사기를 당했다고 해도 오로지 상대방만 잘못했고 나는 결백하다고는 말할 수 없다. 욕심이 나서 거래처를 잘못 선택한 사람도, 믿을 만한 업체인지 확인도 안 하고 덜컥 물건을 준 사람도 나이니,

그 손해에는 나도 어느 정도 기여를 한 셈이다. 내가 부족해서 일어난 일이다. 실패는 스스로의 모자람을 배워나가고 부족함을 채워나가는 계기다. 그래서 지나고 나면 나쁜 경험조차도 결국은 내 성장의 밑거름이 되곤 했다.

나쁜 경험은 '경험치'로 남는다. 내 경험치는, 무슨 일을 하든 법적인 부분은 변호사에게, 세무 문제는 최고의 세무사에게, 계약서는 반드시 법무사에게 가져가는 등 전문가의 도움을 받게 되었다는 것이다. 사업하면서 겪은 나쁜 경험들이 내게 남긴 지혜다. 그 모든 과정이 내 시스템을 다듬는 훈련이 되어준 것이다. 이것이 내가 실패를 이야기할 때 강조하는 부분이다. 사업은 언제나 불확실하지만 한 번 겪은 실패를 다시 반복해서는 안 된다. 그것이 실패가 진짜 경험치로 남았다는 증거다. 실패를 경험치로 바꿀 수 있는 사람은 반드시 성장한다.

실패는
더 값진 것을 얻기 위해 내는 수업료다

성공한 사람일수록 실패의 소중함을 강조한다. 아마존의 창업자 제프 베이조스는 '일단 시작하고 나중에 고쳐라'라는 말로 실패가 혁신의 밑바탕임을 강조했고, 우아한형제들 김봉진 의장도 초창기에 여러 번 창업 실패를 겪었지만 실패를 기록하고 분석하는 습관이 지금의 시스템을 만들었다고 밝혔다. 이들은 단 한 번의 실패도 낭비하지 않고 각각의 기회를 자신을 더 성장시키는 발판으로 만들었다. 실패가 더 값진 걸 얻기 위한 '수업료'였던 셈이다.

나쁜 경험을 내 자산으로 바꾸려면 세 가지의 태도가 필요하다.

첫째, 냉정하게 돌아보라. '당했다'고 생각하며 감정적으로만 굴지 말고 왜 그 상황이 벌어졌는지를 복기해야 한다. 이미 사태가 벌어졌다면 담담히 내가 무엇을 실수했는지를 짚어보고 어떻게 해결할지 생각하는 게 생산적이다. 분풀이를 하고 한탄만 해봤자 얻는 것은 없다.

둘째, 나만의 원칙을 세워라. '다음에는 이런 실수를 하지 말아야지' 하고 다짐만 하고 넘어가면 유야무야되어 다음에 또 유혹이 찾아올 때 넘어가고 만다. 사업을 하다 보면 큰돈이 욕심나서 순간적으로 판단력이 흐려질 때가 있기 때문이다. '현금 거래만 한다', '계약서 없이는 계약을 진행하지 않는다'와 같이 자신만의 기준을 명문화해야 한다.

셋째, 공유하고 나눠라. 실패를 숨기지 않고 나누면 그것은 타인의 시행착오를 줄이는 지식 자산이 된다. 나쁜 인연, 손해 본 거래, 억울한 일들…… 지나고 나서 그 모든 것이 내 그릇을 키우는 자산이 되어주긴 했지만, 이왕이면 수업료를 내지 않으면 더 좋지 않겠는가. 그래서 나는 지금도 인스타그램에서 젊은 사업가들에게 내 경험들을 낱낱이 공개하며 이런 경우를 주의하라고 당부하고, '실패는 해도, 똑같은 실패를 반복하지는 말라'고 강조한다.

그렇지만 설사 값비싼 수업료를 지불했더라도, 거기서 배우면 그만이다. 손실을 보고 나면 우리 회사의 시스템은 더 단단해졌고, 실패를 겪을 때마다 내 판단은 정교해졌다. 쌓아서 나쁜 경험치는 세상에 없는 것이다. 인생의 진짜 부는 돈이 아니라 경험의 축적에서 온다. 어떤 경험을 했든 그 경험이 스스로를 성장시키고, 다음에는 반드시 더 현명하게 움직이도록 해줄 것이다.

사업을 지속하기 위한
사장의 자세

냉정히 말하면 아시안게임 특수를 노리며 무리하게 물건을 준비한 것은 내 욕심 때문이었다. 그리고 IMF라는 경제위기가 닥쳤을 때 회사에 안전장치를 준비해 놓지 않은 것도 역시나 내 패착이다. 사업에서의 위기를 자초한 것은 언제나 사장, 즉 나였다. 사업가는 절대 남 탓을 해서는 안 된다. 경제위기 같은 거대한 외부 상황을 내가 컨트롤할 수 있는 건 아니지만, 그렇다 해도 살아남아야 하는 것이 사업가의 덕목이자 사장의 책임이다. 그래서 나는 사업가란 '24시간 눈 뜨고 자는 사람'이라고 말한다.

젊은 시절을 떠올리면, 거래처 미팅과 영업, 납품, 결재를 하느라 온종일 뛰어다니다 보면 어느새 낮이 순식간에 지나가 있었고 어둑어둑해질 때쯤에야 머리를 쓰기 시작했다. 겨우 몸을 책상 앞에 붙였지만 머릿속은 더 복잡해졌다.

침대에 누운 후에도 아이디어가 퍼뜩 떠오르면 그걸 메모해 놓기 위해 형광등을 수십 번씩 켰다, 껐다 하다가, 하도 자주 그러니 너무 힘들어서 나중에는 큰 도화지를 옆에 펼쳐놓고 불도 켜지 않은 채 머릿속에 떠오르는 걸 대충 휘갈겨 적었다. 아침이 되면 그 알아보기 힘든 낙서를 다시 정리하는 게 일이었다.

사업가, 사장이라고 하면 많은 사람이 멋들어진 서류 가방을 들고 우아하게 다니거나 고급 식당에서 와인 한 잔을 곁들이며 비즈니스 미팅을 하는 근사한 모습을 떠올리지만, 실제 사장의 일상은 전쟁터를 방불케 한다.

직원이 많아도 자금, 회계, 영업, 거래처 관리를 모두 꿰고 있어야 한다는 게 내 지론이다. 그러니 사장은 잠시라도 편할 수가 없다.

사장이란 배의 선장과도 같다. 만약 항해 중에 태풍이 올 것 같다면 그걸 막는 건 온전히 선장의 몫이다. 자신만의 노하우로, 이렇게 대처해서 위기를 극복하면 된다고 오히려 선원을 안심시키고 리더십을 발휘해야 한다. 그러려면 당장은 괜찮더라도 앞으로 닥칠 위기를 감안해 파이프라인을 확보해 두는 준비성이 필요하다. 나도 젊었을 때는 소위 말하는 '사업병'에 걸려 돈을 벌어도 사업을 확장하는 데만 관심을 둬서 몇 번이나 자금 위기를 맞았지만, 지금은 그때를 반면교사로 삼아 철저하게 위기를 대비해 두었다. 무역업과 더불어 각종 강연, 비즈니스 컨설팅, SNS 등 다양한 파이프라인을 갖춰놓고 있다. 한 분야에 위기가 닥쳐도 직원들이 불안해하지 않게끔 취해놓은 조치다.

한번은 입사한 지 1년쯤 된 직원이 와서 결연하게 말

했다.

"대표님, 저 이제 창업하려고 합니다."

"아직은 때가 아니야."

아마 그 직원은 우리 회사의 매출과 내가 하는 일을 보며 '저 정도는 나도 할 수 있겠다'라고 생각했을 것이다. 하지만 그는 매출 뒤에 숨은 리스크와 그 리스크를 헤지하기 위해 내가 어떤 일들을 하는지까지는 알지 못했다. 그러고서 딱 1년쯤 지난 후, 그 직원은 몰라보게 홀쭉해진 얼굴로 와서 말했다.

"대표님, 예전에 아직 때가 아니라고 하셨던 게 무슨 뜻인지 이제야 알겠어요."

사업을 오래하면 문제 해결 능력이 생긴다. 수백 번 부딪히고 수백 번 넘어져 봤기 때문이다. 하지만 초보 사장은 자본도, 경험도 없기에 한번 크게 데이면 보통 그대로 끝이다. 물론 실패와 시행착오는 나를 크게 성장시키는 자산이지만, 위험을 미리 대비해서 나쁠 것은 없다. 사장의 무게를 알고, 사장답게 철저히 준비를 해두자. 사장이 그렇게 혼자 묵묵하게 태풍을 맞을 태세를 갖추고 있으면, 직원들도 감동해서 더 열심히 일하게 될 것이다.

PART 4

아주 작은 습관이
만드는 큰 변화

'오늘은 어떤 걸 또 새로 배워볼까?'

배우고 공부하고 도전하는 한,

사람은 나이와 상관없이 낡지 않을 수 있다.

오늘이 전부, 내일은 덤

"아니, 어떻게 남의 집 앞을 차로 막아놓고서 사과 한 마디도 안 하고 갈 수 있어요?"

얼마 전 누군가가 우리 집 앞에 차를 바짝 붙여 세워 놓아서 주차장의 차는 물론이요, 사람 한 명도 빠져나가기 힘들었던 적이 있다. 차를 좀 빼달라고 전화를 하자 주인은 5분 정도 지나서 오더니 아무 말 없이 차를 빼고 가버렸다. 나와 함께 있던 일행은 분개했지만, 정작 집 주인인 나는 그렇게 화가 나지 않았다.

“저 사람도 뭔가 사정이 있었겠지. 아니면 내가 그 틈으로 빠져나갈 수 있을 만큼 날씬해 보였나?”

대수롭지 않게 농담으로 웃어넘기는 나를 보며 지인은 어이없어 했다.

“아니, 대표님은 화도 안 나세요? 사과도 안 하고 말도 없이 가는데.”

그렇다. 신기하게도 나는 웬만한 일에는 화가 나지 않는다. 나를 별나다는 듯 바라보는 지인에게 이렇게 대답했다.

“내일이 없고 오늘만 있다고 생각하면 웬만한 일에는 화가 안 나게 돼요. 오늘 하루만 남았다고 생각하면 내가 하고 싶은 거 하기도 바쁘고, 기뻐할 새도 모자란데 저런 사소한 일로 내 기분을 망칠 수 있겠어요?”

'내일'이 아니라 '오늘',
'언젠가'가 아니라 '지금'

60대에도 여전히 사업을 하고, 강연을 하고, 언제나 밝은 모습으로 릴스를 찍어 올리는 '청담캔디언니'만 아는 사람들은 무척 놀라겠지만 나는 사실 체력이 별로 좋지 않다. 어렸을 때부터 신장이 약해서, 30대까지도 김치는 물론 떡볶이조차 먹을 수 없는 생활을 했다(신장이 안 좋은 사람들은 염분에 민감하다). 그래서 병치레를 달고 살며 병원을 내 집처럼 들락거렸다.

그때도 신장염으로 병원에 입원했을 시기였다. 옆 병실에는 백혈병을 앓는 할머니가 한 분 계셨는데, 할머니는 병동에서 만나면 어린 나에게 손녀 대하듯 다정하게 말을 걸어주시곤 했다.

어느 날, 일어났더니 병원이 쥐 죽은 듯 고요했다. 들락거리는 소리나 대화 소리가 전혀 들리지 않았다. 의아해서 간호사에게 왜 이리 병원이 조용하냐고 물었다.

“옆방 할머니, 오늘 새벽에 돌아가셨어요.”

그 말을 듣는 순간 가슴이 철렁 내려앉았다. 어제까지만 해도 평소와 똑같이 두런두런 이야기를 하시던 할머니였는데 이렇게 갑자기 돌아가시다니. 그러면서 이런 생각이 자연히 떠올랐다.

‘사람이란 이렇게 갑작스럽게 죽는 거구나. 나도 언제 죽을지 모른다.’

그때부터였던 것 같다. 죽음에 대한 생각을 자주 하게 된 것이. 죽음에 대해, 생에 대해 생각할수록 머릿속이 차분하게 정리되는 것 같았다.

‘나는 아픈 사람이야. 언제 죽을지 몰라. 설령 죽지는 않더라도 아파서 병원에 계속 누워 있는 생활을 해야 할지도 모르지. 사실 그건 죽은 삶이나 다름없는 것 아닌가?’

그러면서 내 안에 어떤 단단한 결심이 자리 잡았다. 내일을 생각할 게 아니라 일단 오늘만 잘 살자고. 이 결심이 내 인생의 기준이 되었다.

내일이 없다고 생각하면 어떨까? 두려움이 없어진다. 그 대신 오늘 하루를 값지게 살아야겠다, 나에게 주어진 마지막일지도 모르는 하루를 좀 제대로 살아야겠다, 오로지 그런 마음으로만 가득 찬다. 그날 이후로 나는 '오늘'만 생각하며 살았다. 내일이 없다고 생각하니 신기한 변화가 생겼다. 일단 누구에게 화낼 일도, 스스로를 미워할 일도 줄었다. 그런 성정은 나이 든 지금까지도 여전해서, 나는 평소에 화를 거의 내지 않는다.

미루는 버릇도 사라졌다. 하고 싶은 일이 생기면 '언젠가 해야지' 하고 미뤄두는 게 아니라 '지금 당장' 해버렸다. '더 준비가 되면 해야지.' '좀 여유가 생기면 해야지.' '상황이 나아지면 해야지.' 그러다가 영영 아무것도 못하는 상황이 오면 어쩌겠는가? 내가 헛되이 흘려보낸 시간이 너무 아깝게 느껴지지 않을까? 그게 내 삶의 습관이 되었고, 그 습관이 나를 두려울 것 없는 사람으로 만들어주었다.

감사하는 사람은
결코 불행할 수 없다

'오늘'의 가치를 깨닫는 가장 쉬운 방법은 감사 일기 쓰기다. 나도 4년 동안 감사 일기를 썼다. 사실 처음에는 감사할 것들을 쓰는 게 쉽지는 않았다. '오늘 무슨 일이 있었더라' 생각이 안 나기도 하고, '이게 감사 일기에 쓸 만한 일인가?' 망설여지기도 했다. 처음에는 한 줄만 쓰고 덮어버리는 날도 많았다. 하지만 매사 감사하는 태도를 가지려 노력하니 점차 감사 일기는 세 줄, 네 줄로 늘어났다. 쓰면 쓸수록 감사할 것들이 생겨나는 것 같았다. 대단히 좋은 일에만 감사하는 게 아니다.

어제보다 컨디션이 좋아서 감사합니다.
몸이 가벼워서 감사합니다.
좋은 사람과 대화할 수 있어서 감사합니다.
평소보다 된장찌개가 맛있게 끓여져서 감사합니다.

세상에 감사할 일이 너무 많았다. 쓸수록 마음이 정리되고, 부정적인 생각이 조금씩 내 마음속에서 사라지는 게 느껴졌다. 자연스럽게 마음이 긍정으로 채워졌다. 내가 직접 그 효과를 보고 아이와 남편도 동참시켰다. 우리 집 4층에 벤자민 나무가 있었는데, 포스트잇에 '하루의 감사 한 줄'을 써서 나무에 묶어 걸어놓게 했다. 며칠 하고 보니 꼭 크리스마스트리 같았다. 가족끼리 각자의 감사 일기를 보며 웃음 짓고 대화하는 날도 많아졌다. 그러면서 깨달았다. 감사하는 사람은 결코 불행할 수 없다는 걸 말이다.

단 하루라도
후회 없이 살아낼 수 있다면

그 덕분에 언젠가부터 습관처럼 내 입에 착 붙은 말이 "나 너무 행복해"다. 집에 들어올 때면 콧노래를 흥

얼거린다. 내 태도가 옳았는지 우리 아이도 그런다. 60대 중반의 나이에도 늘 웃고 유쾌하게, 에너지 넘치게 살아간다. 사실 이것만으로도 나는 감사하며 하루를 시작할 수 있다. 몸이 약했던 시절이 있었기에, 하루를 온전히 누릴 수 있다는 게 얼마나 큰 선물인지 아는 것이다. 그래서 나는 매일 아침이 설렌다. 지금도 아침에 눈을 뜨면 꼭 스스로에게 하는 말이 있다.

"오늘은 다시는 오지 않을 단 하루다."

이렇게 말하고 나면 신기하게도 세상이 조금 다르게 보인다. 문득 떠오르는 작은 일들조차 모두 감사로 바뀐다. 살아 있다는 것, 그 사실 하나만으로도 충분하다. 그게 겉으로 나타나서인지, 종종 "캔디 언니는 어떻게 그렇게 늘 밝으세요?"라는 질문을 받는다. 나는 웃으면서 대답한다.

"내일이 없다고 생각하고 오늘을 후회 없이 다 쓰기 때문이에요."

내일이 없다고 생각하면 오늘은 훨씬 더 단단해진다.

그 단순한 생각 하나로 나는 삶의 대부분을 버텼고, 또 성장했다. 만약 똑같이 가까이에서 죽음을 목격했더라도 내가 건강한 사람이었다면 그것이 그토록 강렬하게 다가오진 않았을지도 모른다. 아프고 약했던 시절이 있었기에 삶의 본질을 조금 더 일찍 배울 수 있었다.

사는 게 바쁘면 내면의 나를 들여다보고 나를 단단히 할 시간이 없다. 하지만 그냥 사는 것과 하루하루를 귀중히 여기고 '오늘'의 가치를 느끼며 사는 것은 다르다. 삶의 가치는 '얼마나 잘사는지'가 아니라 '오늘 하루를 얼마나 충실히 살아냈는지'에 달려 있다. 하루를 잘 살면 내일은 덤처럼 따라온다.

사람이란 언제 죽을지 모르는데, 다행히 오늘이란 하루가 주어져서 갈 데가 있고, 할 일이 있으니 감사하다는 마음이 절로 든다. 또 이렇게 덤처럼 주어진 하루, 이왕이면 더 가치 있게 살아보자고 마음먹게 된다.

물론 살다 보면 마음에 파도가 치는 날이 있다. 그럴 때면 평소에는 아무렇지도 않게 넘겼을 일이 괜히 서러워지고, 다음 날 아침이 오는 게 버겁게 느껴지기도 한다. 그렇게 잠시 주저앉고 싶어진다면, '당장 내게 주어진 날이 오늘밖에 남지 않았다면?'이라는 질문을 던져보자. 이 짧은 시간을 어떻게 써야 후회가 없을지 생각해 보자. 다시 기운차게 일어날 수 있을 것이다. 내일이 없는 것처럼 살면, 오늘은 언제나 기적이 된다.

아무리 큰 그릇도 과하면
흘러넘친다

지금까지 쉼 없이 사업을 해오며 깨달은 게 있다. 성공하기 위해서는 열정보다도 '절제'가 더 중요하다는 점이다. 사업을 하면 할 일이 너무 많다. 무역센터에 사무실이 있던 시절 우리 회사는 명절이든, 일요일이든 불이 꺼지는 날이 없었다. 일단 지구 반대편에 있는 이탈리아와 무역을 하다 보니 밤낮을 가려가며 일하기 어려운 환경이기도 했고, 설사 상대가 이탈리아가 아니었다고 해도 초보 사장에게는 숨을 돌리며 일할 여유가 없기도 했다. 사업은 그만큼 어마어마한 에너지가 필요하다. 그래서 사업을 오래하는 것은 에너지를 어디에 써야 하고, 어디서 아껴야 할지 아는 사람들뿐이다.

나도 나만의 '절제의 원칙'을 세워놓았는데, 바로 '금주'다. 워낙 술이 약한 체질이기도 하지만, 그보다 더 큰 이유는 에너지를 분산시키고 싶지 않기 때문이다. 술자리에서 흘러나온 말 한마디가 관계를 흔들고, 한순간의 감정이 잘못된 결정으로 이어질 때가 얼마나 많은가. 또 그걸 수습하려면 또 얼마나 에너지가 들까. 무엇보다도 사람을 만나는 일은 에너지가 소모될 수밖에 없다. 그래서 나는 불필요한 모임이나 의미 없는 만남은 피하고 꼭 필요한 일에만 에너지를 집중한다.

체력이 자본만큼 중요하다

젊은 사업가들이 많이들 간과하는 점이 하나 있다.

바로 사업에서 체력은 자본만큼 중요하다는 것이다. 체력이 약한 편이기에 나는 이 말에 깊이 공감한다. 1년에도 몇 번씩 유럽으로 출장을 다니던 젊은 시절, 현지에서 갑자기 병이 나 바이어들과의 약속을 미루거나 취소하는 등 체력 때문에 속상했던 적이 한두 번이 아니었다. 성공을 지속하는 힘은 체력에서 비롯된다. 몸이 버텨야 정신이 흔들리지 않고, 정신이 건강해야 올바른 판단을 내릴 수 있는 법이다.

그래서 나는 지금도 에너지를 쓸 곳과 아낄 곳을 구분하며 하루를 설계한다. 새벽 6시에 일어나 가장 먼저 미지근한 물 한 잔을 마시고 서너 개의 경제지를 읽는 것으로 하루를 시작한다. 신문을 정독하는 데 한 시간 정도 걸리는데, 그러고 나면 집 뒤에 있는 한강 산책로를 따라 걷는다. 어떤 날은 영어 강의를, 어떤 날은 뉴스를 듣는 식으로 그날의 컨디션에 따라서 시간을 보낸다. 가끔 머릿속이 복잡하면 아무것도 하지 않고 상념을 털어내고 생각을 비우는 데 시간을 쓰기도 한다.

이렇게 아침을 보내고 가볍게 아침 식사를 한 후 본격적으로 업무를 하는데, 이메일을 확인하고 회신하며 통화를 하는 등 회사 일과 관련된 연락은 가급적 오전에 모두 끝낸다. 오후에는 콘텐츠를 찍거나 협업 관련 미팅을 하고, 무언가 배워야 할 게 있다면 전문가를 모시고 강의를 듣기도 한다. 저녁 시간은 술자리에 나가는 대신 주로 책을 읽고, 차분히 다음 날 할 일을 정리하는 데 보낸다. 이것이 내 일의 리듬을 유지하는 방법이자 체력을 아끼는 비결이다. 나에게 절제란 금욕이 아니라, 지켜야 할 것을 더 오래 지키기 위한 선택이다.

더 큰 과실을 담으려면
빈 그릇이 필요하다

사람들은 흔히 성공하려면 더 많이 가져야 한다고 생각하지만, 진짜 성공은 가진 걸 지킬 줄 알고, 불필요한 걸 내려놓을 줄 아는 힘에서 온다. 비워야만 더 큰 것이 들어온다. 가끔 좁고 작은 가게인데 줄을 설 만큼 손님이 많은 곳이 종종 있다. 그런데 그렇게 장사가 잘되면 많은 사장이 이런 생각을 한다. '옆 가게까지 빌려 확장을 하면 매출이 두 배로 오르겠지?' 그래서 옆 가게가 비자마자 쏜살같이 계약하고, 줄을 서 있던 손님들을 모두 안으로 들인다. 그러면 신기하게도 그 순간부터 이상하게 장사가 안 되는 경우가 많다. 왜일까?

사람들은 '줄'을 보고 들어오기 때문이다. 길게 늘어선 줄이 그 가게가 현지 주민들에게 신뢰를 받고, 인기를 끈다는 증거가 되는데 그 줄이 사라져버리니 지나가던 사람들의 눈길을 끌지 못하는 것이다. '부족함의 미학'을 깨뜨리는 순간 가게의 매력은 사라진다.

사업은 꽉 채우는 것보다 조금 부족하게 남겨두는 편이 더 안전하다. '여백의 미'라는 말이 있듯이, 항상 여백이 있어야 오래가는 법이다. 가득 채운 물컵을 상상해 보라. 가득 채운 물컵은 조금만 흔들려도 넘치고, 다

쏟아져 버리지만 70%만 채운 컵은 흔들려도 흘러넘치지 않는다.

사업도, 인생도 마찬가지다. 흔히 대기업들이 돈을 벌기 시작하면 문어발 식으로 전혀 다른 업종에 손을 대는데, 중심이 무너지면 아무리 거대한 기업이라도 순식간에 사라질 수 있다. 성공의 본질은 확장이 아니라 유지와 정리, 그리고 절제다.

요즘에는 포럼이나 강의에서 젊은 인플루언서들과 만날 기회가 많다. 그들의 일과를 들어보면 얼마나 열심히 사는지 감탄이 나온다. 일로도 바쁜데 시간을 쪼개 자격증을 따고, 강의도 몇 개씩 듣는다고 한다. 물론 배움은 중요하고, 열정이 넘치는 것도 좋지만 가끔은 너무 불필요해 보이는 것들에까지 시간을 소모한다는 생각도 든다. 궁금해서 무엇을 위해 그걸 배우는 거냐고 물으면 "특별히 목적이 있는 건 아닌데, 요즘 사람들이 많이 공부하니까 저도 모르면 안 될 것 같아서요"라고 대답하는 경우가 꽤 있었다. 하지만 그게 무분별한 자격증 쇼핑, 강의 쇼핑과 무엇이 다른가 생각이 든다.

모든 것을 조금씩 아는 사람보다 한 가지를 깊이 아는 사람이 결국 대체 불가한 사람이 된다. 평생 흔들리지 않는 경쟁력을 만들어주는 것은 '선택과 집중'이라는 단순한 원칙이다. 사업에서도 인생에서도 가장 중요한 것은 '어디에 에너지를 쏟을 것인가'다. 모든 것을 잡으려 하면 정작 정말 내게 필요한 일을 해야 할 때 에너지가 소진돼 버려 아무것도 잡지 못할 수도 있다. 불필요한 것을 비워내야 정말 중요한 것에 집중할 수 있다. 비움이 곧 집중이 되고, 집중이 곧 성장이 되는 것이다.

실리콘밸리도 중시하는 '비워내기'의 힘

2년 동안 명상을 하면서 가장 크게 실감한 것은 현대

인들이 머릿속에 너무 많은 정보를 담고 산다는 사실이었다. 일도, 인간관계도, 해야 할 일도 떠올리기만 해도 벅차다. 결국 그것들이 머릿속에 다 뒤섞여 정리가 되지 않으니 대체 무엇부터 해야 할지 모르는 혼란 속에서 매일을 산다.

그런데 명상을 하면서 신기한 경험을 했다. 마치 내 머릿속 서랍들을 하나씩 열어 불필요한 생각들을 꺼내 놓고 정리하는 느낌이었다. '이건 지금 필요 없다', '이건 완전히 잊어도 된다', 그렇게 내려놓고 나니 필요할 때 꼭 필요한 생각만 꺼내 쓸 수 있게 되고 불필요한 것들은 저 멀리 치워놓을 수 있게 되었다. 사업을 하면서 절제와 비움이 얼마나 중요한지 알았으면서 정작 나 자신은 채우기에 급급했다. 명상으로 처음 '내 안을 비워내기'를 해보면서 그 가치를 절실히 느꼈다. 머릿속이 맑아지고 마음도 가벼워지는 경험을 하며 나는 깨달았다. 비움은 단순한 멈춤이 아니라, 생각 정리이자 내면 리셋이라는 걸 말이다.

머릿속이 복잡하면 중요한 결정을 놓치고, 욕심이 앞서면 방향을 잃는다. 뭐든 다 채우려고만 하지 말고 내려놓는 연습이 필요하다. 그래서 나는 당장 성장에 목말라서 안달 난, 전전긍긍하는 후배 사업가들을 만날 때마다 마음을 비우라는 조언부터 해주곤 한다. 마음이 복잡할수록 비워야 머리가 맑아지고, 생각이 정리되어야 나아갈 방향이 보인다. 실제로 구글에서는 직원들을 위한 마음챙김 프로그램을 만들어 직원들에게 명상을 시키기도 했다.

우리는 늘 더 많이 가지려 한다. 더 큰 매출, 더 넓은 공간, 더 많은 타이틀…… 하지만 그것이 언제나 성장으로 이어지지는 않는다. 때로는 비워야 보이고, 줄여야 단단해지는 법이다. 부족함을 약점이 아닌 여백의 미학으로 여기는 태도가 필요하다. 항상 채우려 하기보다 비우고, 절제하며 중심을 지키는 사람이 오래간다.

13시간의 고독이 가르쳐준 것

한창 사업에 집중하던 30대 초반에 대학원 최고경영자 과정, MBA를 다니기 시작했다. 그때가 1990년대 초였으니, 유튜브는 물론이고 개개인이 하는 강의 같은 것도 없던 시절이었다. 경영을 배우려면 꼼짝없이 경영대학원에 가는 방법밖에 없었다. 당시 내가 멘토처럼 모셨던 이문자 회장님이 대학원 진학을 권한 것을 계기로 MBA에 발을 들여, 한 열 군데는 다녔던 것 같다.

그런데 MBA에 가보니, 공부가 끝난 후 수강생들끼

리 골프를 치러 가는 게 불문율처럼 되어 있었다. 처음에는 수강생 중 한 90% 정도는 골프 모임에 가길래 나도 얼떨결에 쫓아가 본 적이 있다. 골프를 치면 으레 저녁도 함께하고 십중팔구 술자리까지 이어졌다. 그런데 그 술자리에서 나누는 대화는 딱히 건강하지도, 생산적이지도 않았다. 그걸 몇 번 경험하고는 일절 함께하지 않았는데, 신기하게도 꽤 많은 사람이 그 모임을 '필수 코스'처럼 생각하며 부지런히 다니는 것이다. 초면에도 빠르게 가까워져서 금세 형님, 아우 부르며 살뜰하게 챙기는 사이가 된 사람들도 있었다.

다들 사업을 하느라 혹은 일을 하느라 정신없이 바쁜 사람들인데 그런 비생산적인 모임에 꼭 참석하는 게 참 신기했는데, 생각해 보면 그 기저에는 '외로움'이 있었던 것 같다. 누구에게나 외로움이 있지만 그중에서도 돈 있는 사람들, 성공한 사람들, 바쁘게 사는 사람들 중에는 외로움이 굉장히 짙게 깔려 있는 경우가 많다. 정말 가족이나 친구가 없어서가 아니라, 많은 걸 홀로 짊어져야 한다는 데서 오는 외로움이 아닌가 싶다.

'홀로'를 두려워하지 않는
용기가 필요하다

무엇이든 안 그러겠냐만은, 무역은 사람과 사람의 만남이 매우 중요한 일이다. 젊었을 때부터 말 한마디 안 통하는 외국인 바이어들과 손짓 발짓을 써가며 소통하고 공장 사장님들, 같은 무역업 동료 등 수없이 많은 사람과 만났다. 그러다 보니 나는 사람을 만날 때마다 정말 큰 에너지가 오간다는 걸 느꼈다. 그런데 그 에너지가 항상 좋은 방향으로 흐르는 것은 아니었다. 때로는 사람과의 만남이 내가 꼭 필요한 데 써야 할 에너지까지 갉아먹기도 했다. 나도 젊었을 적에는 외로움이 두려워서 늘 사람들 속에 있으려 하기도 했지만, 그러면서 오히려 스스로의 에너지가 부정적으로 변한다는 걸 느낀 적이 있다.

우리 집안에서 공부를 못하고, 학교에서 문제아 취급을 받은 것은 오직 나뿐이었다. 그러다 보니 부모님은 내게 아무런 요구도 하지 않고 그저 나 자체로 사랑하고 아껴주셨는데도 묘하게 자격지심이 생겨났다. '성공해서 내가 문제아가 아닌 걸 증명해 보이고 싶다', '인정받고 싶다' 하는 마음이었다. 그래서 사업가가 된 후 고향 친구들을 만날 때면 나도 모르게 자랑을 하고, 사업에 대해서도 더욱 과장해서 말하며 뻐기곤 했다. 하지만 그렇게 나를 증명해 보이려고 애쓰고 나서 집에 돌아오는 길은 허무하고 헛헛하기만 했다. 그러다가 어느 순간 회의감이 느껴졌다.

'내가 왜 격 떨어지게 이런 말을 하고 있을까?'

그 후로 의식적으로 사람들과의 만남을 줄이기 시작했다. 절제하는 삶을 지향하게 된 계기였다.

왁자지껄 사람들 사이에서 웃고 즐기는 것도 가끔은 도움이 되지만, 나를 더 단단하게 만들어주는 것은 사

실 고독이다. 성공한 사람들의 공통점은 의외로 단순하
다. 혼자 있는 시간을 두려워하지 않는다는 것이다. 최
고의 투자가 워런 버핏은 평생 자신의 고향인 시골 도
시 오마하에서 살았다. 투자의 중심지 월스트리트에서
바삐 보내는 게 아니라, 고요하고 차분한 혼자만의 삶
을 선택한 것이다. 그는 하루의 대부분을 혼자 책을 읽
으며 보낸다고 한다. 스티브 잡스도 "번뜩이는 아이디
어는 길에서 나온다"라며 영감을 얻고 싶을 때마다 산
책에 나섰다고 알려져 있다. 성공한 사람일수록 조용한
시간 속에서 다음 방향을 결정한다. 사업가에게 고요함
은 사치가 아니라 전략인 것이다. 나도 평생 사업을 해
온 사람으로서, 이를 내 몸으로 느낀다.

사업 초기에는 하루 종일 이 일, 저 일 쫓아다니느라
정신이 없었다. 도매 장사를 할 때는 매일 새벽마다 동
대문 종합시장과 공장을 뛰어다녔고, 무역을 할 때는
열 시간이 넘게 비행기를 타고 가서 녹초가 된 몸을 이
끌고 하루에도 미팅을 서너 개씩 했다. 조금이나마 숨

을 돌리고 차분하게 생각하는 시간을 가질 수 있는 건 오로지 비행기 안에 있을 때뿐이었다. 그러다가 어느 순간, 내가 가장 현명해지고, 중요한 결단을 내릴 수 있는 시간이 '비행기 안'이라는 걸 깨달았다. 서울에서 파리까지 13시간, 전화도 안 오고 누구도 나를 찾지 않는 동안 진짜 나 자신으로 돌아가 사업에서 더 중요한 부분을 숙고할 수 있었다. '생각하는 시간'이 더 중요하다는 걸 깨달은 순간이었다.

사람에게도
뿌리 내리는 시간이 필요하다

일단 일하는 방식부터 바꾸었다. 눈앞에 닥친 일부터 마구잡이로 처리하는 대신, 매일 아침 차분하게 하루의 우선순위를 정해보기로 했다. 그렇게 가장 중요한 일 몇 가지를 우선순위를 정해 해결하고 나면 꼭 '생각하는 시간'을 보냈다. 아이디어를 떠올리고 결정의 방향을 다듬었다. 그러자 사람들 속에서 바쁘게 다닐 때는 보이지 않던 해답이 또렷하게 떠오르기 시작했다. 이는 아직까지도 계속하고 있는 나의 습관이다.

나는 평소 새로운 툴을 배우는 걸 무척 좋아하는데, 얼마 전에는 챗 GPT 전문가를 모셔서 사업에 적용하는 법을 직접 배우기도 했다. 유튜브 전문가, 노션 전문가…… 하루가 다르게 기술이 바뀌니 배우기 바쁘다. 또 일에 필요한 미팅이 있으니 일정표에 사람을 만나는 시간이 채워질 수밖에 없는데, 그럼에도 최대한 혼자만의 시간을 확보하려고 한다. 만약 어떤 날 미팅 일정이 많아서 사람을 여럿 만났다면 그다음 날의 일정은 전부 비우는 식이다. 사람들과 만나 무언가를 듣고 배우면 또 아이디어들이 떠오르는데, 그것들이 전부 뒤엉키면 머릿속이 꽉 차기 때문에 반드시 비우고 정리하는 시간을 갖는 것이다. 내게 혼자 있는 시간은 단순한 휴식이 아니라 사색과 정리 그리고 재충전의 시간이다.

혼자 있는 시간에 나는 책을 읽고, 생각을 정리한다. 때로는 감사한 사람들을 떠올리기도 하는데, 그 시간들이 나를 원점으로 돌려놓고 더 단단하게 해준다. 내가 왜 이 일을 시작했는지, 무엇이 진짜 중요한지 본질을 잊지 않게 일깨워준다.

사람들과의 만남을 줄이면 시간이라는 귀중한 자원을 아낄 수 있다는 장점도 있다. 시간은 하루에 단 24시간밖에 주어지지 않는다. 내가 늘리고 싶다고 해서 늘릴 수도, 돈이 많거나 능력이 있다고 해서 시간이 더 주어지지도 않는다. 그래서 성공한 사람들은 하나같이 시간을 함부로 쓰지 않는다. 체력도 시간도, 한정적인 자원이기에 정말 필요한 곳에 선택과 집중을 해야 한다.

하늘을 찌를 듯이 솟아올라 있는 대나무들도 어릴 때부터 그렇게 크고 장대하지는 않다. 대나무는 밑에서 기는 시간, 뿌리를 내리는 시간이 굉장히 오래 걸린다고 한다. 그러다가 어느 순간 위로 치솟기 시작하는데 그때부터는 몇 미터씩 쑥쑥 자란다는 것이다. 그 이야기를 듣고 사람도 대나무와 똑같다는 생각을 했다. 사람에게도 뿌리 내리는 시간이 필요하다. 혼자 고요하게 고민하고, 사색하고, 치열하게 답을 찾는 과정이 있어야 성숙할 수 있다. 그 고요함 속에서 다음 도약의 에너지가 만들어진다. 혼자 있는 시간을 외로움이 아닌, 나를 단단하게 만드는 강력한 무기로 받아들여 보자.

평판은 인생의 복리다

예적금을 고를 때 사람들이 제일 좋아하는 게 뭘까? '복리'다. 복리는 돈이 돈을 벌고, 그 돈이 다시 더 큰 돈을 벌어주는 구조여서 오랫동안 투자할수록 그 힘이 커진다. '복리 예금'은 언제나 큰 인기를 끄는 상품이다. 그런데 우리의 인생에도 이런 귀중한 '복리 이자'를 주는 것이 있다. 바로 인성과 평판이다. 좋은 인성은 좋은 평판을 낳고, 그 평판은 새로운 기회를 만들어준다.

나는 이웃들이 '천사'라고 부를 만큼 인자하고 상냥

한 부모님 밑에서 자랐다. 우리 집은 형편이 넉넉한 편이 아니었음에도 어머니는 걸인들이 밥그릇 하나만 들고 대문 앞을 서성이면 대청마루에 작은 나무 밥상을 펴고 정성껏 식사를 대접하셨다.

그런가 하면 아버지는 정이 많아서, 느지막이 시장에 가실 때면 빈 손으로 돌아오시는 일이 없었다. 물건을 다 팔지 못한 할머니들에게 남은 채소를 전부 사서 한 아름 안고 돌아오시는 것이다. 마음 따뜻하신 부모님은 우리 형제들에게도 감사하는 습관과 이타적인 마음을 가장 중요하게 가르치셨다. 그래서인지 치열한 경쟁 사회에서 사업을 하면서도 늘 이타적인 마음을 잃지 않으려 애썼고, 덕분에 좋은 사람들을 많이 만나 큰 도움을 받기도 했다.

세금도 없이 복리로 불어나는
가장 강력한 자산

　부모님은 언제나 '누군가가 잘될 때가 아니라 힘들 때 도와주는 사람이 정말 인성이 좋은 것'이라고 강조하셨고, 나는 이 원칙을 굳게 지키며 살아왔다. 이 마음은 때로 예상치도 못한 행운을 가져다주기도 했다.

　같은 업계에서 일하던 한 대표님은 능력 있고 부지런한 분이었지만 경기 침체로 회사를 접게 되셨다. 아무래도 업계에서 떠나면 찾는 사람이 줄고 절친했던 동료도 연락이 뜸해지기 마련이다. 하지만 내 의지로 사업을 그만둔 것도 아니고, 외부 환경 탓에 사업을 접었는데 만나는 사람도 줄면 얼마나 헛헛하겠는가. 많은 사람이 연락을 끊었지만 나는 평소처럼 종종 식사도 하고 차도 마시며 안부를 전했다. 어떤 목적을 위해서가 아니라, 그저 힘들고 외로울 때 옆에 있어주고 싶은 마음이었다. 가끔은 "대표님도 친구분들에게 커피 한잔 사세요”라며 스타벅스 쿠폰을 보내드리기도 했다.

그렇게 10년 가까이 관계를 이어오던 어느 날, 뜻밖에도 그 대표님에게 메일이 한 통 도착했다. 메일에는 대표님이 오랫동안 개척해 온 거래처 리스트가 빼곡히 들어 있었다.

“이제 나한테는 더 이상 쓸 일이 없겠지요. 함 대표가 유용하게 쓰면 좋겠습니다.”

그 한 문장은 내게 평생 잊히지 않을 울림을 남겼다. 돈보다도 더 큰 ‘사람의 도리’의 가치가 와닿는 순간이었다.

좋은 평판은 눈에 보이지는 않지만 가장 강력한 무형의 자산이다. 평판은 세금도 없는데 날이 갈수록 복리로 불어난다. 이처럼 좋은 자산이 또 어디 있을까. 사람은 언제든 어려움에 빠질 수 있다. 그럴 때 좋은 평판을 가진 사람에게는 누군가가 꼭 손을 내밀어준다. 그것이 바로 인성이 쌓여서 만들어지는 기회다.

그래서 나는 늘 스스로에게 ‘내가 없는 자리에서 사

람들은 나에 대해 어떻게 말할까?'를 물으며 나의 언행을 점검한다. 그 질문이 내 '행동의 기준'이 된 셈이다. 작은 친절과 사소한 약속이라도 지키는 모습, 거짓 없는 태도가 시간을 거치며 단단한 신뢰로 쌓이고, 그 신뢰가 결국 나를 다시 일으켜 세우는 힘이 된다고 믿는다. 좋은 인성은 결국 좋은 평판을 낳고, 그 평판은 새로운 기회를 만들어준다.

반대로 나쁜 평판은 실력보다도 빠르게 사람을 무너뜨린다. 단 한 사람과 관계가 틀어져도, 그 한 사람의 입에서 나온 말이 세상의 바람을 타고 내가 지금껏 쌓아온 믿음을 흔든다. 내가 아는 한 사업가는 능력이 뛰어남은 물론이고 배우려는 자세와 경청의 태도를 갖춘 사람이었지만 단 한 가지, 입이 거칠다는 치명적인 단점이 있었다. 그는 결국 자신의 나쁜 버릇을 못 참고 직원에게 욕설을 했다가 고소를 당했고, 이 사건은 업계에 빠르게 퍼졌다. 사람들은 욕설을 왜 했는지, 누구의 잘못이 더 큰지는 따지지 않는다. 그저 '욕설을 했다'는 사실 자체에만 관심을 갖는다. 또한 그가 평소에도 말을 거칠게 하는 걸 봐온 사람이 있었기에, '그 사람 원래 그래'라는 증언이 나쁜 평판에 힘을 실었다. 결국 그 사업가를 찾는 사람은 점점 줄어들 수밖에 없었다.

'인복'이란
뿌린 대로 거둔다는 조상의 지혜

우리는 흔히 인성을 '착한 마음' 정도로 생각하지만, 인성은 사실 능력을 보완하는 덕목이 아니라 능력을 완성하는 '실력'이다. '교수들의 교수'로 불리는 조벽 교수는 저서 『인성이 실력이다』에서 인성은 '타고나는 것이 아니라 훈련과 학습을 통해 길러지는 실력'이라고 말한다. 그는 인성을 자기 관리, 감정 조절, 공감 능력, 책임감 그리고 소통 능력이라는 다섯 가지 역량으로 설명하며, 이것들은 타고난 성격이 아니라 '배워야 하는 기술’이고 인성이야말로 성공과 행복의 밑거름임을 강조한다.

나 역시 사업을 하면서 인성이 얼마나 중요한지를 몸소 체험했다. 거래처와의 분쟁, 직원과의 갈등, 고객의 불만…… 이 모든 것은 단지 스킬만으로 해결되지 않는다. 감정의 온도를 맞추고 마음 깊이 이해하는 태도를 보이며 상대방을 인간적으로 배려하는 말씨가 해결의 열쇠가 되어주곤 했다. 머리로는 완벽해도, 마음이 서툴면 관계는 무너지기 마련이다.

나는 한 번 인연을 맺으면 오랫동안 유지하려고 노력하는 편이다. 잠깐 스쳐가는 관계보다는 오랜 세월 신뢰로 쌓인 관계가 훨씬 단단하다는 믿음에서다. 그래서 몇십 년 전에 함께 일했던 직원들에게도 때때로 안부 전화를 걸고, 가끔은 가벼운 선물도 보낸다. 지금도 집에서 함께 사는 일본인 리코는 손님으로 만나 직원이 되고, 직원으로 만나 이제는 거의 가족이 된 대표적인 인물이다. 청담동에서 한류 팬을 대상으로 에어비앤비를 운영하던 시절, 리코는 내 손님으로 왔다가 자신도 한류 팬이라며 "제가 에어비앤비 운영을 맡을 테니, 저도 함께 살면 안 될까요?"라고 제안해 식구로 맞았다. 어느덧 그 인연이 12년이나 되어 리코는 때로는 친구 같고 또 어느 때는 딸 같기도 한 친밀한 사이가 되었다. 리코가 있어서 얼마나 든든한지 모른다. 상대를 이해하고 양보하고 배려하며 세심하게 관계를 유지해 왔기에 얻은 복이라고 생각한다.

사람은 정성을 다해 대해야 인연으로 남는다. 그래서 나는 아들에게 공부를 열심히 하라는 둥, 뭘 어떻게 하라는 둥 웬만하면 잔소리를 거의 하지 않지만, 인성만큼은 따끔하게 가르친다. 귀에 딱지가 앉도록 하는 말이 '인성이 실력'이란 것이다.

나는 '인복'이란 말이 미신적인 것에서 온 게 아니라, 그만큼 매사 언행에 주의하라는 의도에서 나왔다고 생각한다. 조상님들은 '뿌린 대로 거둔다'는 뜻을 그 말에 담은 것 아닐까. 아무리 실력이 좋고 한 분야에서 성공했다고 해도, 인성과 평판이 나쁘면 그 성공이 오래 가지 못하니 항상 신경을 써야 한다는 가르침이다. 인성은 관계를 지탱하는 실력이고, 평판은 새로운 기회를 여는 열쇠다. 이 두 가지를 잃지 않는 사람은 어떤 위기에서도 다시 일어설 수 있다.

어떤 순간에는 조금 손해를 보는 것 같기도 하고, 다소 미련스러워 보일지라도 인성을 잃지 않고 누군가의 어려운 시절에 조용히 손 내밀어줄 수 있는 사람. 그런 사람이 오래 살아남는다. 인성이 실력이고, 평판이 기회다.

'나'에 대한 투자는
평생 하는 것이다

코로나19가 닥쳤을 때, 나는 IMF 때와 비슷한 거대한 막막함을 느꼈다. 물건을 받던 이탈리아의 모든 공장이 가동을 멈췄고, 선적도 멈춰 이미 생산한 머플러와 원단도 들여올 방법이 없었다. 재고가 아예 없는 건 아니었지만, 지금까지 해왔던 대로 패션 기업들에 납품하기는 한참 모자랐다. 그때 어떻게든 살 길을 모색하려 안간힘을 쓰다가 찾은 해법이 스마트스토어와 SNS였다. 그게 세상의 변화를 내 몸으로 실감한 계기였다. 그러면서 깨달았다. 시장은 레드오션이 되는 게 아니라, 돈 버는 방식이 바뀔 뿐이라고. 세상이 바뀔 때 누군가는 변화에 빠르게 올라타 돈을 벌고, 누군가는 기존의 방식을 고수하기 때문에 돈을 잃는다는 걸 말이다.

변한 세상을 보며 사업가로서의 내 가슴은 오히려 더 세차게 뛰기 시작했다. 내가 한창 사업을 하던 젊은 시절에는 우리 같은 소기업엔 어쩔 수 없는 한계가 있었다. 채용할 수 있는 인력도 적거니와, 비상하고 특출 난 인재가 삼성, 현대 같은 대기업을 두고 우리 같은 작은 회사에 올 리 만무했다. 또 영업이든 뭐든 발로 뛰어야 했기에 하루 종일 구두가 닳을 정도로 뛰어다녔지만 물리적 한계 때문에 할 수 있는 일의 양은 한정돼 있었다.

그런데 세상이 변하고, AI라는 것이 생기며 나 같은 1인 기업에도 엄청난 기회가 생긴 것이다. 챗 GPT, 클로드, 제미나이만 있으면 직원 수백, 수천 명을 고용한 효과를 낼 수 있다니! 이렇게 설렐 수가 없었다. 그때부터 본격적으로 '변한 세상 공부'에 전념했다. 나는 요즘도 챗 GPT나 제미나이, 노션 같은 새로운 툴의 전문가를 종종 모셔서 과외를 받곤 한다. 자고 일어나면 새로운 기술이 생겨 있으니 배움을 게을리할 수가 없다.

그런 나를 보며 사람들은 종종 "대표님, 어떻게 그 나이에 아직도 뭘 계속 배우세요?"라고 묻곤 한다. 그럴 때마다 나는 웃으며 대답한다.

"배우지 않으면 생각이 늙어요. 몸보다도 더 빨리."

'배움'은 젊음을 지켜주는 유일한 비결이다. 세월은 누구에게나 공평할 것 같지만, 계속 배워나가는 사람과 배우지 않는 사람의 시간은 완전히 다르게 흐른다. 배움을 멈추는 순간 사고도 멈추기 때문이다. 그것은 나이의 문제가 아니라 '마음'의 문제다. 배우지 않는 사람의 마음은 닫혀 있기에 새로운 자극을 받아들이지 못하고, 생각은 늘 같은 자리에서 맴돈다. 그렇게 굳어버린 마음은 세상의 변화를 이해하지 못하게 된다. 사람이 늙는 것은, 나이를 먹을 때가 아니라 배우려는 마음이 닫힐 때다.

MZ세대의 무서움도 여기에 있다. MZ세대들은 다양한 툴을 이용해 효율적으로 일하며, 모르는 게 있으면 친하지 않은 업계 선배와 커피챗을 해서라도 일을 배우려는 적극적인 자세를 갖추고 있다. 새로움을 받아들이는 속도와 포용력이 완전히 다르다. 뭐든 수용하고 배우려는 태도가 MZ세대들을 더욱 스마트하게 만든다.

지금은 세상의 변화 속도가 엄청나게 빨라진 시대다. 그러다 보니 '경험'보다도 '감각'이, '나이'보다도 '업데이트 속도'가 중요하다. 세대와 상관없이 무엇을 공부해야 하고, 어떻게 적용해야 하는지를 아는 사람이 앞서간다. 그렇기에 나이가 많든 적든, 변화를 유연하게 받아들이고 배우려는 태도가 필요한 것이다.

꼰대는 나이가 아니라 '사고'의 문제다

얼마 전, 예전에 우리 회사에서 오랫동안 아르바이트

를 했던 직원이 찾아왔다. 우리나라에서 손꼽히는 패션 기업에 들어간 그는 한참 동안 회사 이야기를 재잘재잘 늘어놓더니 "대표님, '영꼰'이라는 말 아세요?"라는 질문을 건넸다. 나는 웃으며 되물었다.

"영한 꼰대라는 뜻인가? 요즘은 젊은 사람도 꼰대가 되나?"

직원은 고개를 끄덕이며 설명했다.

"요즘은 나이보다 사고방식이 더 중요하대요. 젊은데도 자기가 겪은 것만 믿고, 새로운 흐름을 받아들이지 않는 사람을 보고 '영꼰'이라고 해요. 그런데 제 상사가 완전히 '영꼰'이에요."

직원은 이번에 회사에서 티셔츠 디자인을 맡았다고 했다. 요즘은 로고를 작게 넣거나 아예 뺀 콰이어트 럭셔리 스타일이 대세여서 로고를 작게 넣어 디자인했더니 상사는 "로고를 크게 박아야 팔리지"라며 단호하게 거절했다는 것이다.

"요즘은 이렇게 해야 팔린다고 잘 팔리는 것들을 보

여드리고 설득해 봐도 아무 소용이 없어요. '우린 원래 로고 크게 넣어서 잘 팔았어'라면서 고집만 부리세요."

직원의 하소연을 들어보니 그 상사는 아마도 과거의 성공 방식에만 갇혀 있는 것 같았다. 그 이야기를 들으며 다시 한번 꼰대는 나이가 아니라 '멈춘 사고'에서 오는 문제라는 생각이 들었다. 세대 차이는 나이가 아니라 사고방식과 마음의 거리에서 생겨나는 것이다.

그런데 요즘은 과거와는 비교할 수 없는 속도로 세상에 변하고 있다. 예전에는 무언가가 유행하기 시작하면 적어도 3년은 갔지만 이제는 3개월도 안 간다. 그 짧은 시간에 유행하는 음식, 패션, 콘텐츠, 소비, 가치관까지 전부 바뀌는 일이 수두룩하다. 놓치지 않고 그 속도에 올라타려면 과거를 자랑하고 있을 게 아니라, 한시 바삐 새 것을 배워 앞으로 나아가야 한다.

나는 요즘 MZ세대 직원들과 함께 일하며 매일 배운다. 나와 함께 일하는 직원은 거의 20대 후반에서 30대 중반 사이다. 내 자식뻘일 만큼 어리지만, 사장과 직원이 아니라 마치 친구 사이인 것처럼 웃고 떠들면서 일한다. 나는 그들이 궁금하다. 그래서 자꾸만 묻는다. 요즘 왜 그렇게 성수동에 몰려가는지, 어떤 전시나 팝업 스토어가 인기가 있는지, 또 새로 뜨는 브랜드는 무엇인지…….

그들의 문화를 배우는 것 자체가 내게는 또 다른 공부다. 스스럼없이 "그건 뭐야? 요즘 유행하는 거야?", "그 앱은 새로 나온 거야? 어떻게 사용해?" 하고 묻고, 나도 직접 해보는 모습을 보면서 처음엔 낯설어하던 직원들도 이제는 먼저 신나서 나한테 무언가를 소개해 준다. "대표님도 한번 써보세요" 하며 적극적으로 권하기도 한다. 그러다 보니 한참 나이 차이가 나도 의외로 세대 차이나 거리감은 거의 느껴지지 않는다. 열린 마음으로 배우면 나이는 숫자일 뿐이다.

배우면서 다시 한번
인생의 첫날을 시작한다

나는 마흔두 살에 결혼해 마흔셋에 아들을 낳았다. 지금은 할머니 나이에 20대 아들을 둔 엄마다. 그래서 내 인생의 가장 큰 숙제는 아들과 같은 언어로 대화하는 것이었다. 아들과 대화하기 위해 늘 한발 앞서 트렌드를 익혔고, 유튜브나 방송을 봐도 내 나잇대 사람들이 좋아하는 트로트만 보는 게 아니라 요즘 세대들이 열광하는 힙한 채널을 일부러 찾아봤다. 젊은 세대들이 웃는 포인트, 몰입하는 주제, 리듬과 편집의 감각까지, 그 안에는 시대의 코드가 숨어 있다. 그걸 아는 게 세대와 통하는 첫걸음이다. 공부하기 위해서가 아니라, 사랑하기 위해 배운 것이다. 아들을 낳은 후부터 이런 노력을 계속 해와서인지 내게는 변하는 세상을, 젊은 세대들을 배우는 게 자연스럽고 일상적이다.

한번은 휴대폰을 바꾸러 통신사 매장에 갔다. 데이

터를 옮기던 직원에게 "혹시 제 노선도 다 옮겨주셨나요?"라고 물었다. 그런데 그 직원이 오히려 되묻는 것이다.

"노선이 뭐예요?"

"메모나 문서, 파일 같은 걸 다 정리해 놓을 수 있는 앱이에요. 내 머릿속 비밀 창고지요. 내 사업 아이디어, 강의 자료, 일기까지 다 들어 있으니까요."

그러자 직원은 "우와, 고객님 완전히 IT 고수시네요!" 하며 깜짝 놀랐다. 젊다고 다 아는 게 아니고, 나이 들었다고 다 느리지 않다는 걸 다시 한번 깨달은 순간이었다.

나는 내 아들에게도 이렇게 말하곤 한다.

"엄마는 뒤따라가는 게 아니라, 네 세상과 같은 속도로 걷고 싶어."

내 입으로 직접 그런 말을 하면서 계속 스스로를 움직이도록 자극한다. 결국 중요한 건 시대와 함께 배우려는 태도다. 젊음은 나이가 아니라 태도에서 오는 것이다. 그래서 배우고자 하는 사람은 언제나 젊다.

나는 여전히 배우는 사람으로 살고 있다. SNS를 배우고, AI를 공부하고, 새로운 세상 속에서 또 다른 '첫날'을 살아간다. 배울 때마다 인생이 갱신되는 기분이다. 세상은 늘 변화하고, 그 변화 속에서 기회가 태어나니 말이다. 부자들은 절대 이 기회를 놓치지 않는다. 신문을 꾸준히 읽고, 언제나 기민하게 세상의 변화에 반응하며 변한 세상에서 생존할 방식을 찾아낸다.

평범한 사람들이 과거의 성공 방식을 반복하고 있을 때 부자들은 먼저 발 빠르게 새로운 기회를 찾는다. 이렇게 마음 먹어보자. '오늘은 어떤 걸 또 새로 배워볼까?' 배우고 공부하고 도전하는 한, 사람은 나이와 상관없이 낡지 않을 수 있다.

6개월간 만난 사람의 평균이
나 자신이다

문득 '열심히 사는데 왜 제자리걸음일까?'라는 의문이 들 때가 있다. 그럴 때면 나는 요즘 어떤 사람들을 만나고 다녔는지 짚어본다. 좋은 사람들과 어울리면 성장하고 더 단단해질 수 있지만, 나쁜 사람들과 어울리면 금세 나태해지고 쉽게 마음이 흔들리기 때문이다.

어떤 환경에 놓이느냐에 따라 사람의 한계와 가능성은 완전히 달라진다. 그리고 그 환경의 핵심이 바로 '함께 어울리는 사람'이다. 아무리 좋은 씨앗이라도 돌밭에 떨어지면 제대로 자라지 못하지만, 평범한 씨앗이라도 기름진 흙과 따뜻한 햇살을 만나면 아름드리나무로 푸르게 자라지 않는가. 함께 어울리는 사람이 토양이며 햇살인 셈이다.

종교는 없지만, 나는 불교에서 비롯된 '옷깃만 스쳐도 인연'이라는 말에는 깊이 공감한다. 살다 보면 한 번의 인연이 인생의 항로를 완전히 바꾸기도 한다. 무심결에 만난 인연이 나를 어디로 데려갈지는 아무도 모르기 때문에 언제나 사람과의 만남을, 나를 만드는 환경을 세심하게 신경 쓰고 점검해야 한다.

그래서 나는 아들에게도 항상 '6개월간 만난 사람의 평균이 나 자신이다'라는 말로 인간관계를 자주 살펴보고 다스리라고 당부한다. 바로 나 자신이 우연처럼 다가온 한 사람 덕분에 인생의 방향이 크게 바뀌게 된 산 증인이기 때문이다. 나는 감사하게도 30대 초반이라는 젊은 나이에, 평범한 장사꾼에서 어엿한 사업가, 기업인으로 성장할 수 있게 해준 멘토이자 귀인을 만났다.

어떤 인연은
인생을 이끌어주는 자산이 된다

나는 서른 살쯤 되었을 무렵 사보이호텔의 가게를 정리하고 동대문시장 도매 장사로 업종을 변경했다. 그리고 '함스통상'이라는 회사를 설립해, 여성 의류를 제작해 납품하거나 해외로부터 의류 재고를 수입해 도매로 파는 일을 하고 있었다. 비록 소위 말하는 '보따리무역'에 불과한 수준이긴 했지만, 그래도 옷 장사에서 무역업자로 한 발 나아간 것이었다. 강릉에서 서울로 올라온 지 채 5년도 안 된 시점이었다.

그때는 은행과 큰 대금을 거래하려면 소개를 받아야하는 등 사업에 '연줄'이 필수이던 시기였다. 하지만 시골에서 올라온 나에게는 학연도, 지연도, '백'도 없었기에 그저 일 하나로 승부하며 고군분투해야 했다. 어려운 일이 생기거나 고민이 생겨도 어디 말할 데도, 조언해 줄 사람도 없었다.

그러던 중 우연히 지인의 소개로 영동레저산업의 이문자 회장님을 만나게 되었다. 영동고속도로에 있는 휴게소를 여럿 경영하신다는 이문자 회장님은 그때로서는 무척 드물던 여성 기업인에, 나와 같은 강원도 강릉 출신이었다.

별다른 말도 하지 않았는데 만나자마자 왈칵 눈물이 났다. 여자 몸으로 사업을 하는 사람을 찾기가 어려웠을뿐더러 강릉에서 상경한 사람은 더더군다나 없었다. 그분도 나와 같은 어려움을 견디며 지금의 자리에 오르셨을 거라 생각하니, 힘들었던 시간들이 주마등처럼 스쳐가며 괜히 눈물이 났다. 나와 만났을 때 회장님은 이미 휴게소를 여럿 경영하고 있는 성공한 사업가였지만, 동향 출신이라는 공통점 덕에 금세 마음을 열고 나를 유독 아껴주셨다.

회장님은 기업인으로서 가져야 할 단단하고 강인한 마음가짐을 당신의 경험으로 알려주셨다. 휴게소는 워낙 알짜배기 장사라, 정권이 바뀌면 휴게소 경영권도 불안해졌다고 한다. 정치인들이 자신이 정권을 잡기까지 도와준 사람들에게 휴게소 경영권을 주려고 한 것이다. 하지만 회장님은 군사 정권이 들어설 때마저도 그걸 다 지켜내셨다고 했다.

"내가 세금을 안 내길 했습니까, 뭘 했습니까? 휴게소를 빼앗을 바에는 차라리 나를 죽이세요."

옆에 칼을 가져다놓고 나를 죽이지 않는 한 휴게소는 절대 못 빼앗는다고 소리치면서 목숨처럼 휴게소를 지켜내셨다는 말에, 회장님의 카리스마에 감탄하면서 나도 내 사업을 지키려면 저런 강인한 태도를 가져야 한다는 걸 마음 깊이 아로새길 수 있었다.

그 밖에도 처음에 휴게소를 차렸을 때는 직접 매대 앞에 서서 감자전을 부쳐가며 휴게소를 일으킨 이야기, 대표가 여성이라는 이유로 휴게소에 물품을 대주지 않겠다고 강짜를 놓던 제조업체와 협상한 이야기…… 회장님은 당신이 사업을 하며 겪었던 모진 설움과 그 일들을 어떻게 극복했는지를 담담히 들려주셨다. 먼저 사업가의 발자취를 걸으며 무에서 유를 만들어간 그분의 성공이 초보 사업가에게 얼마나 큰 용기가 되었는지 모른다.

뿐만 아니라 회장님은 여성 경제인협회나 모임 같은 곳에 나를 언제나 데리고 다니셨는데, 그분의 옆에 서 있는 것만으로도 나는 사업가로서 배워야 할 세상의 구조를 볼 수 있었다. 회장님의 인맥, 일 처리 방식, 대화의 품격…… 그 모든 것이 MBA 수업이나 다름없었다. 그분의 옆에서 배웠던 것은 지금 생각해 보면 유치원과 초중고등학교에 다니는 걸 생략하고 곧바로 MBA에 입학했던 것이나 다름없다. 사업에 어려운 일이나 힘든 일이 생기면 나는 늘 망설이지 않고 회장님께 조언을 구했고, 그럴 때마다 회장님은 기꺼이 내 멘토가 되어주셨다. 심지어 IMF로 회사가 휘청일 때는 금전적인 도움까지 주셨다. 그분의 도움이 없었더라면 나는 영영 일어나지 못했을지도 모른다.

성공한 상위 1%의 사업가는
왜 초보 장사꾼의 멘토가 되어주었을까

생각해 보면, 그때 나는 회장님을 레버리지한 셈이다. 회장님이 여성 경제인 협회 강원도 지회장이셨던 덕에 나도 거기서 이사직을 맡으며 상위 1%의 여성 경제인들을 만날 수 있었다. 경영자, 엄청난 부자 등 모두 내 곁에 회장님이 없었더라면 만나기조차 어려웠을 사람들이었다. 아니, 설령 우연히 만났다 하더라도 내게 그렇게 많은 정보와 가르침을 주진 않았을 것이다. 내 곁에 회장님이 있었기에 그들도 나를 커뮤니티의 일원으로 받아들여 준 것이다.

이문자 회장이라는 멘토 덕분에 나는 내 환경을 '기업인 커뮤니티'로 만들며 내 생각을 바꾸고, 내 수준을 업그레이드할 수 있었다. 그래서 나는 세상이 변하며 배울 수 있는 루트가 책, 유튜브, 비대면 강의, AI……아무리 많아져도, 여전히 '사람'에게서만 얻을 수 있는 게 많다고 믿는다. 어떤 사람의 마음을 살 수 있다면 인생에 굉장히 큰 힘을 얻는 것이다.

하지만 사람과의 관계는 우연히 만들어지는 것도, 명함을 주고받는다고 해서 돈독해지는 것도 아니다. 나와 만났을 때 이미 성공한 기업인이었던 회장님이 보잘것없는 나를 아끼고 믿어주신 건, 아마도 '진심' 덕분이었던 것 같다.

시골에서 맨손으로 서울로 올라와, 언어도 통하지 않는 해외 시장을 뛰어다니며 사업을 일군 나의 분투를 구태여 설명하지 않아도 회장님은 알고 계셨다. 사업을 해본 사람만이 그 과정이 얼마나 치열한지를 안다. 회장님은 결과만이 아닌 그 과정까지 보며 내 노력을 인정해 주신 것이다. 그때 나는 배웠다. 사람의 마음을 사는 건 실력이 아니라 진정성이라는 걸.

물론 인생에는 운이라는 것도 매우 크게 작용한다. 하지만 준비된 자만이 운을 내 것으로 만들 수 있는 법이다. 똑같은 사람을 만나도 누군가는 명함만 주고받고 끝나는가 하면 누군가는 수십 년을 이어가는 인연으로 만든다. 그 차이는 일관성 있는 태도에서 나온다. 언제나 같은 태도를 보이는 사람만이 신뢰를 쌓을 수 있다. 회장님 역시 상대가 돈이 있든 없든, 위치가 어떻든 차별하지 않고 항상 존중하는 태도를 보이셨다. 그런 사람이 신뢰를 쌓을 수 있다. '사람을 얻는다는 것'은 결국 믿음을 얻는 일이다.

세상은 너무나 금방 달라진다. 그럼에도 변하지 않는 게 있다면 사람은 사람을 통해 성장한다는 것이다. 나도 여전히 그렇다. 젊은 사람에게서는 내가 미처 모르고 있던 새로운 세상과 빛나는 감각을 배우고, 나이가 많은 분들께는 인생의 무게와 통찰을 배운다. 배움은 언제나 사람 사이에서 피어나고, 그것은 나를 조금씩 단단하게 만든다.

그렇기에 언제나 겸손한 마음으로 배우고, 성실하게 신뢰를 쌓아야 한다. 나를 만난 모든 사람이 같은 말로 나를 표현할 수 있도록. 그것을 인생의 숙제로 여기고 살다 보면, 그 끝에는 언제나 책에서는 결코 배울 수 없는 귀중한 배움이 기다리고 있을 것이다.

말 한마디에도
공감을 담을 것

요즘은 '분노 사회'라고 해도 과언이 아닐 만큼 사람들의 말이 점점 거칠어지고 날카로워진다는 걸 느낀다. 조금만 불편하거나 손해를 봤다고 느껴도 까칠한 말, 공격적인 말을 서슴지 않고 내뱉는다.

종종 날이 선 말을 들으면, 화가 나기보다도 '저 사람의 마음속에 얼마나 많은 상처와 불만이 쌓여 있을까?'라는 생각이 든다. 삶이 꼬여 있지 않다면 그렇게까지 말로 상대의 마음을 상하게 할 이유가 없기 때문이다.

그래서 날 선 사람들을 보면 그들이 오히려 안쓰럽게 느껴지기도 한다. 공감이 사라진 사회 속에서 마음의 여유를 잃은 사람들의 표정이 보인다.

나는 직원들에게 어떤 이야기를 듣든 일단 '공감'부터 한다. 직원이 의견을 제시하면 '어머, 아이디어 너무 좋다', '어떻게 그런 생각을 할 수 있니' 하며 먼저 공감을 해주는 것이다. 내 의견을 내놓는 건 그다음이다.

"너무 좋은 아이디어다. 나도 이런 생각이 있는데, 이걸 먼저 해보고 그다음에 그 아이디어를 해보는 건 어떨까?"

상대의 의견을 누르지 않고 그저 내 것을 제안하는 식이다. 그러다 보니 직원들은 항상 적극적으로 아이디어를 개진하고, 스스럼없이 나에게 자기 의견을 피드백해 준다.

그런데 나도 이 '공감'을 실천하지 못한 상대가 한 명 있으니, 바로 내 아들이다. 사실은 내가 아들을 어떻게 대하는지 의식하지도 못하고 있었다. 어느 날 직원 한 명이 조심스럽게 밖에 나가 차 한잔을 할 수 있느냐며 면담을 요청해 왔다.

"대표님, 죄송하지만 기분이 좀 안 좋아도 들어주셨으면 하는 이야기가 있어서요. 왜 박 PD한테는 그렇게 '아니'라는 말을 자주 쓰시나요? 저희한테는 안 그러시는데, 박 PD가 무슨 말을 하면 '아니', '그게 아니고' 이런 말을 너무 자주 하세요."

나 스스로도 몰랐던 내 말버릇을 알게 된 순간이었다. 정말 깜짝 놀랐다.

사실 나와 아들은 성격이 완전히 반대다. 나는 전진형, 돌격대장형 성격이라면 아들은 신중한 전략가형이다. 심지어 나는 달걀을 삶을 때도 물이 끓는 걸 기다리지 못해 끓기도 전에 달걀을 넣어버리는 사람인데, 아들은 인스타그램 릴스, 유튜브 쇼츠 밑에 넣는 캡션을 쓸 때조차도 두세 시간씩 걸릴 만큼 신중하다. 그러다 보니 일할 때 의견이 충돌하는 경우가 잦았다.

그래도 만약 다른 직원이었다면 예의를 지키면서 먼

저 공감을 해주고, 다르게 표현했을 텐데 상대가 자식이니 부정적인 말부터 나간 것이다. 자식이 헤매지 않고 얼른 정답을 찾길 바라는 부모의 마음이, 습관적인 부정적 피드백이 되어버렸다. 사실 내 생각도 순전히 내 경험에서 얻은 의견 하나일 뿐, 정답이라는 보장은 없는데 말이다. 직원의 애정 어린 조언을 듣고 깊이 반성했다. 그 후로는 아들에게 그런 언어를 쓰지 않으려고 노력하고 있다. 다행히 내 잘못된 습관을 인식한 후로는 아들과 부딪히는 일이 줄었다. 우리 둘 사이에 새로 생긴 것은 '공감' 하나뿐인데 말이다.

같은 말을 해도 공감이 있는 말은 마음을 녹이고, 공감이 없는 말은 마음을 얼어붙게 만든다. 공감이 없는 말은 칼처럼 날카로워서, 정확하긴 하지만 상대의 마음을 다치게 한다. 반면 공감이 담긴 말은 단호하지만 부드럽다. 그 안에 담긴 '당신의 입장을 이해하려고 한다'는 마음이 관계를 한결 부드럽게 만들어주는 것이다.

공감은 기술이 아니라 태도다. 말을 잘하기 위해서는

화법을 배우는 것도 좋지만, 그보다 먼저 배워야 할 것은 '마음의 온도'를 맞추는 일이다. 오래전에 대화법을 공부하면서 들었던 말이 있다.

"사람의 눈은 자신은 들여다보지 못하고 상대를 향하게 만들어졌습니다. 그래서 우리는 자신의 결함은 보지 못하면서 남을 판단하고, 지적하고, 비난하는 데 익숙하지요. 눈을 뒤집는 연습을 하세요. 눈을 자기에게 돌리는 순간, 비로소 진짜 성찰이 시작됩니다."

그 말은 오래도록 내 안에 남았다. 그래서 누군가의 말에 마음이 불편해질 때면 그 사람을 탓하기보다 '내가 저 입장이었다면 나도 저렇게 말했을 수도 있겠다'라고 생각해 본다. 이 생각을 하고 나면 신기하게도 마음의 온도가 한층 높아진다. 분노가 이해로, 판단이 공감으로 바뀐다. 그래서 내가 가장 좋아하는 공감의 말은 '그럴 수도 있겠네'다. 상대에게 무조건 동의하는 것도, 자신을 낮추는 것도 아니다. 그저 '당신 입장에서는 그렇게 느꼈을 수도 있겠다'라는 인정의 표현이다. 이

말 한마디만 마음속에 담아두면 삶의 많은 관계가 부드러워진다.

　살면서 세 마디만 잘해도 인생은 괜찮게 흘러간다. 그 세마디란 '미안하다', '감사하다', '괜찮다'다. '미안하다'는 자신의 책임을 인정하는 용기이고 '감사하다'는 타인을 존중하는 마음이며, '괜찮다'는 상대를 위로하는 따뜻한 말이다. 이 세 가지 말이 습관이 되면 공감력 있는 사람으로 살아갈 수 있다.

　수십 년간 사업을 하며 깨달은 것은, 사람은 논리가 아닌 감정으로 움직인다는 점이다. 공감이 있는 사람 곁에는 늘 사람이 모인다. 공감이야말로 인생을 따뜻하게 만들고 관계를 단단하게 지켜준다. 말이 곧 내 품격이라고 생각하며, 같은 말을 하더라도 공감을 담아보기를 권한다. '그럴 수도 있겠네'라는 말을 앞에 붙이는 것만으로도 관계는 한결 부드러워질 것이다. 그건 결코 손해를 보거나 양보만 하는 게 아니다.

PART 5

꿈을 현실로 만드는
실전 행동 지침

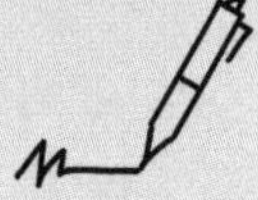

위기를 맞이하고,

그걸 극복하고 한 뼘 더 성장하는 과정에서

견딘 시간과 흘린 눈물로 만들어지는 게

사업의 그릇이다.

내가 쌓은 경험으로 채워야 한다.

실패로 닦이고, 상처로 단단해지고, 용서로 깊어진다.

본질이 1순위다

‘나는 왜 이 일을 하는가?’

사업을 하면서 나 자신에게 수없이 이 질문을 던졌다. 왜 사업하는가, 왜 이 일을 하는가, 어떻게 해야 하는가. 그리고 마지막에는 늘 이렇게 물었다. ‘훗날 이 길을 선택한 것에 후회는 없을까?’

사업의 목적을 단지 돈이라고 생각한 적은 없다. 물론 잘되면 돈은 그 결과로 자연스럽게 따라오지만, 그것이 내가 사업하는 이유는 아니었다. 내게 사업이란 나만 잘되는 것이 아닌 '함께 잘되는 것'이었다. 생존 방식이면서 내가 세상에 기여하는 방식이었던 것이다.

내 사업의 아이디어는 늘 '필요함'에서 시작되었다. 패션 아이템을 수입하던 시절에는 우리나라에 아직 없는 좋은 품질의 옷을 찾아 일본, 홍콩, 중국, 유럽을 넘어 영하 20도가 넘는 내몽고 사막까지 쏘다녔다. 비포장도로를 따라 티코만 한 중고차를 타고 석탄차들 사이를 하루 종일 위험천만하게 다녀도, 아직 한국에 없는 좋은 캐시미어를 수입해 올 수 있다는 생각에 설레기만 했다.

그런가 하면 아들을 키우면서는 질 좋은 영어 교육의 필요성을 절실히 느끼고 영어 도서관을 설립했다. 처음에는 '내 아이가 쉽고 재미있게 영어를 배울 방법이 있었으면 좋겠다'는 개인적인 이유였지만, 다른 아이들에게도 이런 교육이 필요하다는 것을 깨닫고 더욱 박차를 가했다. 동네에 자그마하게 문을 연 청담키위영어도서관은 어느새 입소문을 타고 아이들이 책을 통해 즐겁게 언어를 배우는 공간이 되었다. 당시는 지금처럼 SNS가 활성화되어 있지도 않았고, 큰 수익이 목적이 아니었기에 딱히 홍보 활동을 하지 않았는데도 도서관은 알음알음 유명세를 탔다. 한 백화점에서 젊은 아이 엄마들을 고객으로 끌어들이고 싶다면서 입점 제안을 해오기도 했다. 그때 확신할 수 있었다. 사업은 단순히 돈을 버는 일이 아니라 문제를 해결하는 일이란 걸.

누군가의 불편함을 발견하고 그걸 해결하는 순간 그 일은 '사업'이 되었다. 무엇을 하면 돈이 될지가 아니라 사람들이 무엇을 필요로 하며, 내가 그걸 어떻게 해결해 줄 수 있는지에 초점을 맞춰야 한다.

한 달 만에 팔로워 10만 명을 달성할 수 있었던 비결

내가 처음으로 인스타그램을 개설한 것은 2022년 초,

본격적으로 팔로워가 늘기 시작한 것은 2023년 11월경이다. 거의 2년에 가까운 공백이 있었다. 사실 이만저만 힘든 게 아니었다. 초반에는 팔로워가 조금씩 느는가 싶었지만 약 1만 명에 다다르자 그때부터 계속 정체되었다. 콘텐츠를 올려도 별 반응이 없고, 나도 점점 콘텐츠를 만들 기운이 나지 않았다. 나와 어울리지 않는 옷을 입은 탓이었다.

최근의 청담캔디언니만 본 사람은 잘 모르겠지만, 내 인스타그램의 첫 주제는 사실 '패션'이었다. 처음에 스스로를 '패션 하는 사람'이라고 정의했던 것이다. 머플러와 의류 무역을 하는 사업가이니 패션 사업가이고, '패션'과 '사업가' 중 전자에 방점을 두었다. 그러니 올려야 할 콘텐츠도 패션이라고 생각했다. '패션 하는 사람'이라고 하면 떠오르는 이미지가 어떤가. 다른 사람들은 잘 모르는 멋있는 옷이나 명품을 걸친 사람, 연예인이나 셀럽들이 즐기는 핫플에 다니는 사람, 트렌디한 사람. 그때 나는 스스로를 그렇게 브랜딩하고 있었지만, 나에게는 어울리지 않는 옷이었다.

패션에 관련된 상품을 취급하긴 했지만 내 정체성은 사업가다. 하이힐에 예쁜 핸드백을 들고 사뿐사뿐 우아하게 다니는 게 아니라, 발 편한 드라이빙 슈즈에 A4 파일도 거뜬히 들어갈 사이즈의 커다란 서류가방을 들고 바삐 뛰어다니는 게 젊은 시절부터의 나였다. 옷차림도 늘 단순했다. 활동하기 좋은 티셔츠에 청바지.

그런데 패션 관련 콘텐츠를 찍으니 매일 치장을 해야 하고, 어떻게 하면 세련되어 보일까 머리를 굴리며 무슨 모델이라도 된 양 이것저것 입고 걸쳐보아야 했다. 온통 그런 콘텐츠만 구상하고 있으니 스트레스를 받는 건 물론이고, 콘텐츠를 만드는 게 '노동'으로 인식되어 버렸다. 얼마 안 가 이렇게는 지속하기 어렵겠다는 생각이 들었다.

그렇게 지속성에 대한 고민을 하며 쉬던 차였다. 아들의 노션에서 우연히 나와의 대화를 기록해 놓은 것을 발견했다. 아들과 식사를 하거나 차를 마실 때면 종종 인간관계는 어떻게 해야 하는지, 직장생활을 잘하는 법이나 사업은 무엇인지 등을 이야기하곤 했는데, 그걸 노션에 빼곡이 적어놓은 것이었다. 이게 뭐냐고 물으니 내가 해주는 조언을 3년 정도 아카이빙 해놓았다고 했다. 깜짝 놀랐다. 그리고 동시에 감동적이었다. 내 말 한마디와 행동이 누군가의 삶에 영향을 줄 수 있다는 것을 처음으로 실감한 순간이었다. 그리고 문득 나의 본질은 '사업가'라는 사실을 새삼스럽게 느끼며, 이런 생각이 들었다.

'한참 사업에 도전하고 있는 아들, 딸 같은 젊은이들에게 필요한 말을 내가 들려줄 수 있지 않을까?'

가끔씩 자기계발 수업을 들으러 다닐 때 2030들을 만나면서 했던 생각이, '요즘 젊은 친구들이 너무 힘들게 사는구나'라는 것이었다. 이 말인즉슨 간단한 문제를 너무 어렵게 푼다는 뜻이다. 모두 자기계발과 성공에 관심이 많고 충분히 성공할 만한 역량을 갖고 있는데, 실행력이 없거나 너무 복잡하게 생각하는 통에 간단한 길을 뇌두고 돌아간다고 느낀 적이 많았다. 그들에게 들려주는 조언을, '아들에게 들려주는 엄마의 조언'이란 컨셉을 빌려 콘텐츠화하면 좋겠다는 아이디어가 떠올랐다. 그렇게 현재의 청담캔디언니가 탄생했다.

내가 세상에
기여할 수 있는 것은 무엇인가

몇 개의 릴스를 올리고 두근거리는 마음으로 새벽마다 일어나서 반응을 확인했다. 새로 컨셉을 바꿨으니 어떤 결과가 있을지 궁금했던 것이다. 어느 날 새벽, 무언가 이상했다. 조회 수와 저장 수가 거의 비슷했다. '어머, 인스타그램이 이상해. 큰일 났다, 이젠 고장까지 났네' 하면서 자고 있는 아들을 깨웠다. 아들도 의아해했다. 그런데 웬걸, 그날 팔로워 1000명이 늘어나는 것이다. 그러더니 그다음 날도 1000명이 늘고, 또 그다음 날은 2000명이 늘었다. 일주일이 지나니까 하루에 1만 명씩 늘기 시작했다. 마치 꿈을 꾸는 기분이었다. 나의 본질이 '사업가'임을 다시 깨닫고 본질에 집중하자 성과가 나오기 시작한 것이다.

사업을 하든, 직장생활을 하든 가장 중요하고 가치 있는 자산은 경험이다. 무슨 일이든 처음 할 때는 큰 에너지가 들지만 그다음부터는 점점 에너지의 소모량이 적어져서 처음엔 어려웠던 일도 나중에는 크게 힘을 들이지 않고 너끈히 할 수 있게 되기 때문이다. 경험을 해본 사람과 안 해본 사람의 차이는 엄청나다. 그리고 나는 수많은 사업을 하며 직접 경험을 쌓고, 그 과정에서 기업인과 부자들을 숱하게 만나며 간접 경험까지도 쌓은 사람이다. 그러니 그 경험을 나누는 게 내가 세상에 가장 크게 기여하는 방법이지 않을까.

'인생에 대한 젊은이들의 고민'이라는 문제를 찾고, '내 경험에 기반한 조언'으로 문제를 해결해 주니 '청담캔디언니'라는 브랜드에 날개가 돋았다. 그저 채널을 키우겠다는 목적으로 콘텐츠를 만들 때는 지지부진하기만 했던 팔로워가, 본질을 찾고 거기에 집중하자 한 달 만에 10만 명이 늘었다. 다시 한번 느낄 수 있었다. 사업의 본질은 돈이 아니라 가치이고 성장이란 것을 말이다.

돈은 그 결과로 따라오는 부산물일 뿐, 진짜 사업은 세상에 가치를 더하고 나 자신을 성장시키는 여정이다. 누군가의 문제를 해결하고, 신뢰를 쌓고, 함께 성장할 때 돈은 자연스럽게 따라왔다. 유행하는 것, 지금 당장 핫한 것으로 잠깐은 성공할 수 있더라도, 결국 평생 가는 건 본질이다. 지금껏 내내 사업이 어려워질수록 중요한 것은 화려한 전략이 아니라 '본질'이었다. 제품으로든 서비스로든, 고객의 미충족 니즈를 해결해 주는 것. 여기에 제품과 서비스의 품질, 고객과의 약속, 신뢰 유지라는 세 가지의 기본 원칙만 지킨다면 사업은 흔들리지 않는다.

나는 위기를 맞을 때마다 '우리는 고객에게 약속한

가치를 지키고 있는가?'를 물었고, 그 질문에 내놓은 답이 '아니오'였다면 무엇이든 초심으로 돌아가 다시 시작했다. 이 단순한 반복이 40년간 사업을 지속할 수 있게 했다. 이것 하나만큼은 확신할 수 있다. 본질을 지키는 한 사업도, 인생도 절대 무너지지 않는다. 돈이 아니라 세상에 무엇을 기여할지를 고민할 때 사업은 비로소 성공하는 법이다.

모든 사업에 통하는
단 하나의 성공 공식

청담동은 부촌인 만큼 가게 세도 비싸다. 월세가 몇 천만 원을 호가할 만큼 금싸라기 땅도 있다. 어느 날은 월세가 2000만 원인 자리에 고급스러운 빵집이 들어섰다. 매장도 넓고, 취급하는 빵 종류도 많았다. 이상하게 들릴 수도 있겠지만, 나는 이 가게를 처음 들어가 보고 나서 '오래 가기는 쉽지 않겠다'고 생각했다. 한 번밖에 안 가보고서 넘겨짚는 것이 누군가는 어이없게 느껴질 수도 있다.

하지만 청담동에서 오래 살아서 이곳의 특성을 잘 알고 있는 내가 보기에는 상권에 대한 조사를 전혀 하지 않은 게 느껴졌다. 청담동은 부자가 많은 동네이긴 하지만 주거 인구가 적고, 빌라가 대부분이라 카페나 빵집을 매일 이용할 고객층이 많지 않다.

기존에 잘되던 가게들을 보아도 대체로 공간이 작아 월세가 비싸지 않고, 에그타르트 혹은 소금빵처럼 대표적인 품목 두세 종류에만 집중하는 곳들이다. 그런 가게들은 SNS로 주요 품목을 홍보해 멀리서도 일부러 오게 만들고, 나중에 백화점 팝업스토어로 입점하는 식으로 매출을 늘려가곤 한다. 그런 동네에 강남대로 한복판에나 어울릴 법한 큰 빵집을 오픈했으니 잘될 리가 없었다. 결국 그 가게는 석 달 만에 폐업하고 말았다.

한편 이와 정반대인 케이스도 있다. 강남의 한 고급 아파트 단지 안에 연 피트니스 센터였는데, 이곳의 사장은 오픈을 준비하는 반년 동안 그 아파트 주민들의 동태를 전부 조사했다고 했다. 주민 연령대는 어느 정도인지, 주로 어떤 시간에 운동을 하러 다니는지, 주변에 경쟁 업체는 어디가 있는지, 주민들이 가장 자주 드나드는 길은 어디인지…… 이처럼 철저한 조사 끝에 오픈했으니 잘될 수밖에 없었다. 그 피트니스 센터는 대기자 명단이 생길 만큼 인기가 많다고 했다.

이것이 내가 생각하는 사업이 성공하기 위해 필요한 기본 공식이다. 사장이 자기 사업의 80%를 꿰고 있는 것이다. 얼핏 당연한 이야기 같지만, 초보 사업가들을 만나 이야기를 들어보면 의외로 자기가 하는 사업 분야에 대해 잘 모르는 사람도 많다. 잘 모르시는데 어떻게 사업하실 용기를 내었느냐고 넌지시 물어보면, "전문가가 얼마나 많은데요, 전문가를 고용하면 되지요"라고 대답한다.

하지만 나는 사업가로서 이런 생각에 반대한다. 오너가 아무것도 모른 채 전문가에게 내 사업을 맡기는 것은 눈을 감고 배를 모는 것과 같다. 그 길이 옳은 방향인지, 아니면 잘못된 방향인지조차 모른 채 시간과 돈

을 쏟아붓게 된다. 결과적으로 돈을 잃는 건 오너인데
도 말이다.

MBA 학위보다,
거액의 투자금보다 중요한 것

단골로 다니는 한 작은 초밥집이 있다. 규모도 작고,
남들이 보기엔 평범한 동네 초밥집일 뿐이지만 예약 없
이는 가기 힘들 정도로 인기가 많다. 알고 보니 사장님
은 호텔 일식당에서 20년간 주방장으로 근무하다가 처
음으로 독립하신 것이라고 했다. 처음인데 어쩜 이렇게
장사를 잘하시느냐고 묻자 사장님은 이렇게 대답했다.
"내가 잘 알고, 전부 컨트롤할 수 있는 일만 하면 됩
니다. 평생 이 일만 해온 걸요."
사장님의 사업 비결은 너무나도 단순했다. 20년이라
는 경력이 있으니 손님들이 어떤 계절에는 어떤 생선

을 원하는지, 회전율을 높이려면 메뉴를 어떻게 구성해야 하는지, 재료들의 유통 흐름은 어떤지를 전부 꿰고 있었던 것이다. 이것이 바로 사장이 사업의 80%를 알아야 하는 이유이자, '경험'이 가진 저력이다. 경험에서 나온 감각은 결코 돈으로 살 수 없다.

반대로 실패하는 사람들은 놀라울 정도로 비슷하다. 그들은 자신이 잘 모르는 분야임에도 거액을 들여 사업을 시작한다. 아이템이 좋아 보여서, 누군가가 성공했다는 말을 듣고 '나도 할 수 있겠지' 하고 뛰어든다. 시장 규모나 원가 구조, 고객의 반응, 유지 비용, 타깃 고객의 특징이나 상권 특성 등 그 어떤 것도 제대로 조사하지 않은 채 말이다. 하지만 사장이 내 사업을 모르면 직원이 있어도 정확히 지시할 수 없고, 일을 잘했는지 못했는지 판단도 불가능하다. 경험상 직원들이 모두 열심히 일하는데도 이상하게 사업이 잘 안 풀리고 자꾸만 수렁에 빠지는 곳들은, 십중팔구 사장이 자기 사업을 잘 모르는 경우였다.

그래서 나는 경험만큼 강력한 스승은 없다고 믿는다. 사업은 머리가 아니라 발로 배우는 것이다. 내가 늘 하는 말이 있다.

"패션 브랜드를 만들고 싶다면, 일단 먼저 동대문 시장에 가서 점원부터 해봐라."

직접 해봐야 안다. 어떤 물건이 잘 팔리며 고객들이 어떤 말을 들어야 지갑을 여는지 등은 모두 현장에 답이 있다. 마찬가지로 식당을 차리고 싶다면 똑같은 메뉴를 파는 맛집에 가서 일해봐야 한다. 직접 몸으로 부딪쳐야 안다. 손님이 몰릴 때 동선은 어떻게 해야 하는지, 재료를 어느 정도 발주해야 낭비도 부족도 없이 하루 장사를 할 수 있는지, 인건비는 어느 정도 써야 적절한지는 책에서 절대 배울 수 없는 노하우들이다.

사업이라는 원대한 꿈을 갖고 있다면 그런 작은 가게에서 아르바이트를 하며 버는 월급이 너무 적게 느껴질 수도 있겠지만, '경험'에 내 시간을 지불하는 것이며 돈은 덤으로 받는다고 생각해야 한다. 경험의 가치는 엄청나게 크다.

그래서 영업을 잘하는 방법을 묻는 아들에게도 일단 밖으로 나가서 직접 경험해 보라고 시켰다. 우리 집 근처에는 타임, 마인, 시스템 등의 여성 의류 브랜드를 가지고 있는 패션 대기업 '한섬'이 있다. 이 회사에는 약 1000명의 직원이 다니고 있는데, 그 직원들이 출근할 시간에 맞춰 한섬 앞에서 전단지를 돌리게 한 것이다. 우리 머플러 창고가 근처에 있으니, 점심시간에 한번 들러서 구경해 보라고 홍보했다.

점심시간이 되었다. 나는 일부러 창고에 들어가지 않고 바깥에서 서성였다. 내가 있으면 나에게 도와달라고 할 수도 있으니, 온전히 혼자 해보라고 아들만 창고에 두고 나온 것이다. 조금 후에 아들에게 전화가 왔다.

"엄마, 파란색 바탕에 검은색이랑 흰색으로 체크무늬 들어간 머플러가 어디 있지?"

상기된 목소리였다. 일단 대답을 해주고 슬쩍 손님인 척 창고로 내려갔다. "이탈리아산 아니고 중국산 같은데”라는 말로 지적하는 손님에게 아들은 청산유수로 머플러에 대해 설명하고 있었다. 이탈리아에서 그 머플러들을 수입해 올 때 아들도 동행했었으니, 그 기억이 생생한 것이다. 자기가 본 것, 들은 것을 자신 있게 설명하니 처음엔 ‘중국산 아닌가’ 색안경을 쓰고 보던 손님도 솔깃해하는 것 같았다. 아들은 즉석에서 두 개를 사면 20%를 할인해 주겠다고 제안하는 등, 점차 자신 있게 영업을 해나갔다.

그 후 비어 있는 아파트 상가를 잠시 빌려 일종의 팝업스토어처럼 머플러 장사를 한 적이 있는데, 이때도 역시 아들에게 혼자 영업을 해보도록 시켰다. 첫날 70만 원의 매출을 내더니 아들은 완전히 영업에 자신감이 붙었다. 책에서도 학교에서도 결코 배울 수 없는 경험의 힘이다.

내가 모르는 사업은
절대 하지 마라

코로나가 창궐하기 직전 아들과 함께 이탈리아 출장 길에 올랐다. 명품 브랜드에 납품하는 머플러 공장을 방문했는데, 창고에 쌓여 있는 수백 개의 박스가 보였다. 저건 무엇이냐고 묻자 납품하기로 약속한 물량을 다 보냈는데도 이만큼이 남았다고, 이 재고를 어떻게 처리할지 고민이라는 답변이 돌아왔다. 나는 그 순간 망설이지도 않고 외쳤다.

"이 물건 나한테 팔아요. 내가 가져갈게요!"

물론 아무리 좋은 물건이라도 한국 소비자들이 좋아할 포인트가 없다면 그것은 고급 머플러가 아니라 걸레 조각에 지나지 않을 것이다. 나에게는 그 가치 판단을 할 자신이 있었다. 나는 당장 그 자리에 주저앉아 박스를 열기 시작했다. 물건을 다 꺼내볼 필요도 없었다. 박스 밖으로 머플러의 끄트머리만 살짝 꺼내서 색감,

원단의 질, 짜임새를 하나하나 확인했다. 내가 "Yes"라고 하면 공장 직원이 옆에서 박스에 동그라미를 치고, "No"라고 하면 X 표를 쳤다. 그렇게 단 하루 만에 40피트짜리 컨테이너 하나 분량의 머플러를 전부 골라냈다. 30년 동안 머플러를 다루어온 경험이 없으면 절대 불가능했을 일이다. '이 머플러를 다 어떻게 팔지?' 하는 걱정은 하나도 없었다. 오로지 얼른 한국에 가서 머플러를 팔고 싶다는 두근거림만 가득했다. 시장이 분명히 반응하리라는 확신이 있었으니까.

나는 청담동 거리를 걸을 때도 사람의 얼굴보다 머플러가 먼저 보인다. 멀리서 봐도 저게 유럽산인지, 중국산인지 아니면 국산인지 전부 알 수 있다. 이게 바로 전문성이다. 이 정도의 확신 없이 '남이 하니까 나도 한다'는 마음으로 사업에 뛰어드는 사람들은 1년도 버티지 못한다. 그것은 사업이 아니라 도박이다.

사업은 감이 아니라 구조로 하는 것이다. 그 구조를 이해하지 못하면 아무리 자본이 많아도 금세 무너지기 마련이다. 내가 모르는 사업은 내 사업이 될 수 없다. 남의 성공을 따라 하기보다 내가 잘 아는 분야에서 경험을 쌓아가라. 그게 진짜 사업의 성공 공식이다. 사업에 대한 이해도, 경험 그리고 현장의 감각, 이 삼박자가 갖춰지지 않으면 아무리 멋진 사업계획서도 종이 위 꿈으로 끝날 뿐이다. 이게 내가 평생 몸으로 배우고, 직접 증명한 가장 현실적인 사업의 공식이다.

고객이 있어야 사업도 있다

영역을 막론하고 모든 사업이 가진 공통점은 무엇일까? 바로 모든 사업은 '고객'이 있어야 존재할 수 있다는 것이다. 당연한 말임에도 사업하는 사람들은 의외로 이 말을 자주 망각하곤 한다. 그런 사람들의 흔한 착각 중 하나가 '한 발 앞서가야 성공한다'는 것이다. 물론 사업에서 트렌디함은 아주 중요하지만, 나는 이 말에 딱 절반만 동의한다. 너무 앞서가면 고객이, 시장이 나를 따라오지 못한다. 성공은 속도가 아니라 타이밍의 문제다.

사업가들이 자주 하는 실수 중 하나가 내가 좋아하니까 남들도 좋아할 거라고 생각한다는 것이다. 하지만 시장은 그렇게 단순하지 않다. 내가 아무리 좋은 아이템을 가지고 있어도, 고객이 그 가치를 아직 받아들일 준비가 되어 있지 않으면 그건 앞서간 것이 아니라 '먼저 실패한 것'이 된다.

25년 전의 일이다. 한 지인이 유럽풍 고급 스파 사업을 야심차게 시작했다. 그는 당시 유럽에서 성행하던 스파 문화를 한국에도 도입하겠다는 포부를 가지고, 서울도 아닌 양평의 산 속에 수십억 원을 들여 시설을 만들었다. 그때의 화폐가치를 생각하면 정말 어마어마한 돈이었다. 서울의 부자들을 헬리콥터로 나르겠다는 계획까지 세웠다.

지금이야 각 가정에 차가 한두 대씩은 있을 만큼 자동차 보급률도 높고, SNS에서 입소문을 타면 지리산 산골짜기 맛집도 줄을 서는 시대지만 그 시절에는 그런

문화가 없었다. 그때의 한국 사람들은 힐링보다는 쇼핑을 즐기고, 도심의 편의성을 더 중시했다. 그럼에도 유럽에서 성공한 모델이니 이것을 한국에 그대로 가져오면 잘될 거라고 믿었던 것이다.

하지만 시장과 시대는 달랐다. 한국 소비자들은 아직 스파 체험을 즐길 준비가 되어 있지 않았다. 결국 그는 전 재산을 잃고 말았다. 아이템의 문제가 아니라 타이밍의 문제였다.

8000장의 재고로 남을 뻔한
유럽 최고급 명품 머플러

나에게도 중요한 건 '고객의 속도'라는 걸 뼛속 깊이 느낀 경험이 있다. 1990년대 초반이었을 것이다. 함께 일하던 직원이 어느 날, 자기 지인이 수입 패션사업을 하다가 부도가 났는데 재고로 남은 머플러 8000장을 혹시 우리 회사가 사줄 수 없냐고 물었다. 물건을 확인해 보겠다고 그 지인의 사무실에 갔는데, 보자마자 눈에 확 들어왔다. 너무나 고급스러운 캐시미어 머플러였다. 원단도 최고급품이고, 색깔도 예뻤다. 유럽에서는 명품 중의 명품으로 평가되는 로로피아나 머플러였다. 나는 과감하게 8000장의 머플러를 전부 다 가져가겠다고 했다. '이 정도면 우리나라 시장에서도 무조건 된다.' 나는 품질에 대한 확신으로 가득 차 있었다.

하지만 나는 뼈아픈 실패를 겪어야 했다. 일단 그해 겨울이 유달리 춥지 않아서 사람들이 머플러라는 제품군에 관심을 별로 가지지 않는다는 것부터 문제였다. 게다가 한국 시장은 아직 로고가 겉으로 드러나지 않는 하이엔드 브랜드를 받아들일 준비가 되어 있지 않았다. 당시 사람들은 구찌, 프라다, 샤넬처럼 보자마자 브랜드를 알 수 있는 제품들을 선호했으니, 로고가 없다시피 한 콰이어트 럭셔리 브랜드 로로피아나에 관심이 없는 게 당연했다. 결국 내 타깃 고객이었던 청담동 숍에서도, 백화점에서도 반응이 없었다.

하지만 8000개의 재고를 떠안을 수는 없었다. 제품에 문제가 있는 것은 아니다. 문제는 오로지 고객들과 속도를 맞추지 못했다는 것 하나다. 그렇다면 어떻게 해야 할까? 그래, 이 속도에 맞는 고객을 찾아보자. 그렇게 머릿속에 떠오른 게 일본 도쿄였다. 일본에서는 이 브랜드가 알려져 있었기에 승산이 있을 것 같았다. 다행히 지인 중 일본 상대로 무역을 하는 사업가가 있었다. 나는 곧바로 그에게 연락해 이 머플러를 살 바이어를 한번 알아봐 달라고 부탁했다. 그런데 얼마 후 전화가 걸려 오는 게 아닌가.

"함 사장, 지금 일본 바이어와 미팅 중인데요, 이 머플러를 1000장 정도 더 살 수 있느냐고 물어보네요. 더 사고 싶다고요."

여담이지만, 그때 일본 바이어를 소개해 준 사람이 일본 무역을 하던 지금의 남편이다. 나에게 큰 고민을 안겨주었던 캐시미어 머플러가 인연을 선물해 준 것이다. 마치 전화위복처럼. 그렇게 가지고 있던 물량 대부분을 일본에 팔며 나는 위기를 무사히 넘길 수 있었다.

그러고서 6개월쯤 지났을까? 거짓말처럼 로로피아나가 한국에 진출해 청담동에 직접 매장을 열었다. 그제야 예전에 머플러를 소개했던 거래처로부터 문의가 오기 시작했다. 작년 겨울에 팔려고 했던 그 머플러를 지금 살 수 없냐면서. 즉시 일본 거래처에 연락해 보았더니 남은 재고가 백 장 단위로 있다고 했다. 나는 웃돈까지 주고 남아 있는 재고를 전부 다시 사왔다. 내가 팔았던 재고를 말이다! 이 사건은 내게 평생의 교훈을 남겨주었다. 아무리 좋은 아이템이라도 시장이 준비되어 있지 않으면 실패할 수밖에 없다.

진짜 실력 있는 사업가는 한발 앞서가는 사람이 아니라 딱 반 발만 앞서가는 사람이다. 시장이 막 움직이려는 시점에 미리 준비된 사람, 고객이 필요로 하기 직전에 존재하는 브랜드, 그게 성공의 공식이다. 너무 앞서가면 고객이 모르고, 너무 늦으면 경쟁자가 이미 자리

를 잡아 뒤처져 버린다. 그래서 사업에서 가장 큰 지혜
는 내가 언제 들어가야 할지를 아는 것이다. 사업의 세
계에서는 '빠른' 사람보다 '맞는' 사람이 이긴다.

사업에서 반 발만 앞서는 법

세상에 완전히 새로운 창조란 별로 없다. 무엇이든
먼저 한 사람이 있기 마련이다. 우리는 먼저 간 사람을
따라가서 보고, 거기서 기회를 찾으면 된다. 내가 엄청
나게 획기적인 것을 처음으로 창조한 사람이 된다면 더
할 나위 없겠지만, 모두가 그런 천재가 되기는 현실적
으로 불가능할 테니 말이다. 반 발 앞서서 성공하는 사
업가는 이미 존재하는 상품을 아주 살짝 틀어 새로운
가치를 더하는 사람이다.

예를 들어 우리 집 주변에 즐겨 찾는 김밥집이 있다.
흔히 '김밥'을 포장해 먹는다고 하면 기다란 김밥 모양

대로 은박지로 싼 투박한 비주얼을 상상하지만, 이곳의 김밥은 완전히 다르다. 깔끔한 은색의 알루미늄 그릇에 김밥을 한 알 한 알 놓고 투명한 뚜껑을 덮어 내어준다. 예쁘게 말린 김밥의 알록달록한 색깔이 그대로 보이니 일단 먹기 전부터 시각에서 오는 만족스러움이 있다. 김밥을 먹는데도 대접을 받는 기분이라 자주 찾게 된다. 매장에 가보면 특히 비주얼에 민감한 여성 손님들이 많다. 포장 하나 바꿨을 뿐인데 확실하게 차별화가 된 것이다.

'차별화를 해야 한다'고 말하면 다들 굉장히 어렵다고 생각하는데, 사실 그렇지 않다. 사업가가 해야 하는 일은 '돈 되는 상품'을 만드는 것이지, 완전히 새로운 '작품'을 창조하는 일이 아니다. 평범한 것들을 새롭게 조합하거나 조금 개선해 주는 것만으로도 충분히 독창적인 결과가 나올 수 있다. 일례로 SNS에서 의사가 진료실에서 춤을 추는 영상이 엄청난 조회수를 기록한 걸 본 적이 있다. '의사'와 '춤'은 각각 따로 보면 독창적인 주제가 아니지만, 두 가지가 합치면 훨씬 흥미로워진다. 이처럼 익숙한 것에 예상치 못한 요소를 더하거나, 고객이 아쉬움을 느낀 부분을 색다르게 보완하거나, 나만의 스토리를 더하는 등 방법은 많다. 차별화란 이미 존재하는 것을 활용해 나만의 방식으로 가치를 극대화하는 일이다.

새로운 사업을 하기 전
반드시 체크해 봐야 할 것들

대부분의 사람이 창업 전에 하는 착각은 아이디어가 뛰어나면 충분하다고 생각하는 것이다. 내 지인 역시 '유럽식 스파'라는 아이디어의 힘만 믿고 사업에 뛰어들었다가 큰 실패를 맛보아야 했다. 그러나 현실은 절대 그렇지 않다. 창업을 하기 전에 이 질문들만 스스로에게 던져보아도 시행착오를 대폭 줄일 수 있다.

내가 팔고 싶은 게 사람들이 진짜로 필요로 하는 걸까?

내 물건이나 서비스를 살 사람은 누구일까?

지금 나 말고 이걸 파는 사람이 있는가?

시작하는 데 들어가는 비용은 얼마이고, 예상되는 수익
은 얼마일까?

내가 이 일을 처음부터 끝까지, 80% 이상 할 수 있을까?

잘못되면 어떻게 할지 대비책은 있는가?

이 사업을 시작하려면 꼭 필요한 허가, 절차가 있을까?

사람들에게 이 물건(혹은 서비스)을 어떻게 알릴 것인가?

그리고 반드시 물어봐야 할 질문이 하나 있다. '이 일
을 1년 동안 꾸준히 할 자신이 있는가?'다. 사업가의 일
상은 거의 전쟁이다. 지루한 재무 점검, 끝없는 품질 관
리, 고객의 불만 처리, 성과가 없는 날에도 묵묵히 일을
이어가는 습관…… 사장이 해야 하는 일들은 버겁고 고
단하기 그지없다. 그럼에도 그 일들이 사업을 지속시키
는 근육이 되기에, 즐겁지 않아도 묵묵히 해내야 한다.

꾸준함이 회사를 살리고, 신뢰를 만들며, 결국 브랜드를 세운다. 사업은 하고 싶은 일만 하는 자유가 아니라 하기 싫은 일도 끝까지 해내는 책임감이란 사실을 기억하며, 이 질문들을 스스로에게 던져보기 바란다. 이 질문들에 자신 있게 대답할 수 있다면, 사업의 첫 단계는 이미 밟은 것이다.

'닥치고' 티켓팅

"지금 사업을 준비하는 사람이 앞에 있다면 가장 먼저 무슨 조언을 해주시겠어요?"

누군가가 나에게 묻는다면, 나는 주저하지 않고 이렇게 대답할 것이다. 일단 '닥치고 티켓팅' 해서 세상 밖으로 나가보라고!

처음으로 외국 땅을 밟아본 것은 20대 후반, 일본이었다. 그때까지만 해도 일본 사람들은 깐깐하고 보수적이라는 막연한 선입견이 있었다. 하지만 막상 일본 땅을 밟고 나서부터 그 생각은 완전히 깨졌다. 쇼핑센터에 들어가자 직원들이 하나같이 허리를 90도로 숙이며 인사했다. 처음에는 의례적으로 하는 행동이겠거니 생각했지만, 겪어보니 그들에게는 '고객 중심'의 태도와 '친절함'이라는 단어가 몸에 깊이 배어 있었다.

도쿄의 한 백화점에서 쇼핑을 하던 어느 날이었다. 갑자기 백화점 안에서 부드러운 음악이 흘러나오기 시작했다. '오늘은 음악이 굉장히 분위기 있네' 하며 가볍게 생각하고 있었는데, 직원이 내게 다가와 들고 있던 쇼핑백에 비닐 커버를 씌워주었다. 알고 보니 그 음악은 바깥에 비가 오기 시작했다는 신호였다. 그리고 비가 그치면 다시 다른 멜로디가 흘러나왔다. 쇼핑한 물건이 젖지 않도록 하는 배려이자, 실내에 있는 손님들에게 바깥의 상황을 알 수 있게 해주는 기발한 아이디어다. 손님의 불편을 먼저 생각하는 시스템이었다. 그걸 보면서 생각했다.

'우리나라 백화점에도 수많은 직원이 있고 최신식 시

스템도 있는데, 막상 이런 사람 중심 서비스를 하는 곳은 하나도 없구나!'

고급스러운 가게나 백화점뿐 아니라 골목의 작은 식당조차도 일본은 '고객 중심 서비스'를 지향하고 있었다. 점원들의 행동 하나하나에 배려와 친절, 정성이 배어 있는 모습을 보며 나는 큰 영감을 받았다.

그때 명동에서 옷 가게를 하고 있던 나는, 한국으로 돌아와 일본 백화점에서 배운 일본식 서비스를 그대로 적용해 보았다. 손님이 오면 밝게 인사하고, 작은 질문에도 성심성의껏 대답했다. 지금은 우리나라에도 서비스 정신이 발달해 있어 쉽게 상상할 수 없지만, 그때만 해도 명동에서 옷 장사를 하는 분들 중에는 불친절하고 퉁명스러운 사람도 꽤 많았다. 우리 가게는 금세 '명동에서 가장 친절한 가게'로 입소문이 났고, "여기가 그렇게 친절하다면서요?"라는 말을 하며 새로 찾아오는 손님들도 많아졌다. 일본에서 배운 친절함이라는 아주 작은 차별점 덕분에 나에게 새로운 기회가 생긴 것이다.

열 개의 나라에 가보면
열 개의 배움을 얻을 수 있다

사실 지금은 '패션의 나라'라고 불리는 이탈리아도 그 시작은 우리나라와 비슷했다. 프랑스나 영국에서 의류 주문을 받아 하청으로 생산하던 나라였다. 그런데 이탈리아는 거기서 멈추지 않았다. 그들은 다른 나라의 주문을 통해 배운 기술을 자기 것으로 만들고, 그 노하우에 감성과 예술성을 더해 이탈리아 고유의 브랜드를 만들었다. 지금은 어떻게 보면 프랑스보다도 유명한 브랜드들이 가구, 조명, 패션 등 수많은 분야에 생겨났다. 그러면서 '메이드 인 이태리' 자체를 브랜드로 만들었다. 지금은 그 문장 하나만으로도 전 세계가 신뢰한다.

반면 우리는 미국과 일본의 주문을 받아 옷을 만들면서도 '메이드 인 코리아'라는 이름을 키우지 못했다. '나는 이건 잘하지만 저건 부족해'라며 인정하고, 더 좋은 것을 받아들여서 배우고 발전시키려는 오픈 마인드가 있어야 하는데, 우리나라는 아무래도 오랫동안 유교 국가였던 탓인지 무언가 새로운 것을 받아들이는 데 보수적이었던 것이다. 그래서 시작은 같았는데도 우리는 제조에서 멈춘 반면, 이탈리아는 브랜드로 나아갔다.

남의 것을 고깝게 보거나 내 것만 고집하는 대신, 나보다 나은 게 있다면 얼른 받아들여 배우려는 오픈 마인드, 물건을 배에 싣다가도 휴가 날짜가 다가오면 하던 일을 곧바로 관두고 떠나버리는 자유로운 감성. 그것이 이탈리아를 패션 강국으로 만든 저력이고 그들로부터 배울 점이었다.

그런가 하면 독일은 이탈리아와는 완전히 딴판이었다. 사실 이탈리아와 처음 비즈니스를 하면 무척 당황스럽다. 어제는 10불을 부르던 제품이 오늘은 7불이 되고, 그다음 날은 5불이 된다. 진짜 이 제품의 적정 가격은 얼마인지 스스로 판단해 협상을 해야 하는 게 이탈리아와의 거래다. 반면 독일은 절대 흥정을 하지 않는다. 물건을 더 많이 사가겠다거나 입금을 빨리 하겠다고 협상을 시도해 봐도 꿈쩍하지 않고 처음 부른 그 가격을 받았다.

"이건 우리 제품의 정당한 가치입니다."

이탈리아와의 업무만 해온 나는 처음에는 당황스러웠지만, 그 한마디를 듣고 이해하게 되었다. 가격을 깎아주지는 않지만 부풀리지도 않고 신용을 중시하는 나라. 물론 자신들의 제품을 팔 때뿐 아니라 내 물건을 살 때도 그들은 항상 정확했다. 원칙을 지키는 문화가 독일인들이 생각하는 비즈니스의 품격이었다.

나는 수많은 나라를 오가고 그들과 비즈니스를 하며 각 나라마다의 고유한 문화를 배우고 흡수할 수 있었다. 일본에서는 섬세함과 배려를, 이탈리아에서는 감성을, 독일에서는 원칙을…… 그리고 그 모든 것을 한국식으로 녹여가며 내 사업을 키웠다.

거리에서 사업을 배우다

오랫동안 사업을 해온 나는 좋은 물건이나 기발한 아이디어를 보면 저걸 사업화해 보면 좋겠다고 생각하는 직업병이 있다. 캐나다에서 살기 시작했을 때, 마트에 가보고 꼭 우리나라에 들여오면 좋겠다고 생각한 게 소분 과일이었다. 껍질을 다 깎아 한 입에 넣을 수 있도록 깍둑썰기 한 과일을 작은 플라스틱 박스에 소분해서 팔고 있었다.

지금이야 우리나라 마트에도 그런 제품이 흔하지만, 내가 캐나다에서 그걸 본 건 벌써 10년도 더 된 일이다. 그때는 아이의 교육 때문에 캐나다에 가 있었을 때라 사업할 여력이 되지 않아 결국 실행으로 옮기지는 못했다. 그런데 언젠가부터는 백화점을 필두로 이제는 마트에서도 다양한 종류의 과일을 1인분씩 소분해 팔고 있다. 내가 행동하지 않은 사이, 누군가는 이를 보고 사업화한 것이다.

또 일본에 갔을 때는, 거래처로부터 선물받은 떡을 보고 감탄했던 적이 있다. 우리나라에서 떡은 주로 조그마한 종이 상자에 넣어 랩을 둘둘 씌워 투박하게 판매한다. 그런데 일본에서 선물받은 인절미는 완전히 달랐다. 예쁜 보자기 포장에 바둑돌 보관함 같은 작은 상자가 싸여 있었다. 상자를 열어보니 그 안에 인절미가 한 개, 상자 뚜껑을 보니 작은 공간에 꿀과 나무 포크가 들어 있는 것 아닌가. 떡 하나를 판 게 아니라 아름답게 포장된 떡을 선물받는 기쁨과 보자기를 펼쳐 떡을 먹는 즐거움까지 판매한 것이다. 직접 먹어보니 보자기를 펼쳐 거기에 떡과 가루를 쏟고, 포크로 떡을 꿀에 찍어 먹는 과정 자체가 하나의 놀이처럼 느껴졌다. 떡 하나에도 일본인들 특유의 섬세한 디테일이 녹아 있었다.

더 넓은 세상에서 보고, 듣고, 느낀 모든 것이 어떤 사람에게는 비즈니스로 연결된다. 손질된 과일을 보며 '우리나라도 1인 가구가 늘어나면 저렇게 간편하게 소분된 과일을 소비하는 층이 늘어나겠구나' 하며 비슷한 사업을 시도해 볼 수 있고, 일본이 가진 디테일과 세심함을 배워 내 상품 혹은 서비스에 차별화를 만들어볼 수 있다. 그렇기에 선진국에 가서 보고 배우는 게 굉장히 의미가 있는 것이다.

세상은 교실이 아니라 거리에서 배운다. 공장, 백화점, 시장, 카페…… 그 어디에도 배울 점이 있었다. 무엇이든 배우고, 따라 해보려면 일단 경험해 봐야 한다. 그래서 나는 질리도록 말한다. 편도 티켓이라도 끊어 떠나보라고, '닥치고 티켓팅' 하라고!

위기 없는 사업이
가장 위험하다

내가 젊었을 때와 달리 지금은 공부할 수 있는 방법이 아주 다양하다. 각종 강의가 열리는 건 물론이요, 집에서도 얼마든지 비대면으로 강의를 들을 수 있고 책이나 유튜브로도 배울 수 있는 게 많다. 만약 옛날에도 이런 게 가능했다면, 나는 아마 경영대학원에 다니지 않고 다양한 방법들로 자유롭게 공부를 했을 것이다.

그런데 정작 공부를 직접 실행으로 옮기는 사람은 많지 않은 것 같다. 우리 회사에 아르바이트를 하러 왔던 한 친구는 언제나 가방에 주식 책을 꼭 한 권씩 넣고 다녔다. 물어보니 투자 중에서도 특히 주식에 관심이 많아서 주식 강의도 수강하고 있다고 했다. 그래서 주식 거래는 하고 있냐고 물었더니 의외의 대답이 돌아왔다. 사실 주식을 한 번도 사본 적이 없다는 것이다.

"아직 제가 그만큼 주식을 잘 알지는 못하는 것 같아서요. 급하게 시작했다가 다 잃을까 봐 무서워서 공부를 더 하고, 준비가 제대로 되면 그때 주식을 사보려고 해요."

하지만 나라면, 주식을 단 10만 원어치라도 사고 그 후에 공부를 계속해 볼 것 같다. 주식을 한 주라도 사보면 그다음부터는 주식 공부가 완전히 달라진다. 부동산도 마찬가지다. 부동산을 한 번이라도 사본 사람과 안 사본 사람의 시선은 천지차이다. 당연히 공부하는 방법도 완전히 달라진다. 공부만 많이 한다고 해서 자산을 쌓을 수 있는 건 아니다. '조금만 더 알면', '조금만 더 공부하면'…… 그때 움직이겠다고 생각하면 안 된다.

선택을 해본 사람만이 그 이후에 필요한 공부를 정확히 할 수 있다. 성공에 필요한 것은 완벽한 준비가 아니라 일단 행동으로 옮기는 자세다.

사업도 마찬가지다. 물론 시장 조사와 분석, 경험 등 사업은 철저히 준비해야 하는 게 맞지만, 완벽주의에 시달리며 계속 미루기만 해서는 안 된다는 뜻이다. 사실 이는 완벽주의가 아니라 공부를 핑계로 선택을 미루는 것이다. 또한 아무리 철저하게 준비한다 해도 위기를 완전히 피할 수는 없다. 인생에 위기는 파도처럼 밀려오기 마련이다. 그 위기를 스스로의 힘으로 헤쳐나가며 성장하고, 사업은 더욱 단단해질 수 있는 것이다.

입원한 환자가 링거를 뽑고 뛰쳐나간 이유

30대 때 내가 운영하던 '함스통상'은 일본과 이탈리

아에서 여성용 의류에 쓰이는 원단을 수입해 국내 패션 브랜드에 납품하는 일을 했다. 그때 회사는 정말 작은 규모였고, 자금의 여유도 별로 없었다. 우리의 수입 구조는 물건을 브랜드에 납품하고 보통은 한 달 후, 길게는 세 달이 지나서야 물건의 대금을 받는 식이었다. 당연히 자금적인 여유가 없었고, 돈이 돌지 않으면 바로 숨이 막히는 구조였다. 그때 우리는 아직 업력이 길지 않았기에 삼성물산이나 한섬 같은 큰 회사와는 거래하지 못했다. 중소 패션 브랜드를 상대하며 하루하루 악착같이 버티던 시절이었다.

점심도 제대로 먹지 못하고 뛰어다니다 보니 아무리 젊어도 몸이 버티지를 못했다. 그런데 몸이 축나는 것도 모른 채 계속 일하다가 결국 신우염이 찾아와 병원에 드나들기 시작했다. 신우염은 신장에 염증이 생긴 병으로 고열과 오한, 허리 통증이 단번에 찾아온다. 도저히 출근해서 일을 할 수 없는 몸이라 입원을 했지만, 링거를 꽂고도 거래처 전화를 받고 직원들에게 그 내용을 돌리는 게 일상이었다. 전투 같은 나날이었다.

그러던 어느 날, 원단을 납품한 회사에서 결제일이 지났는데도 아무 연락이 오지 않았다. 전화도 계속 먹통이었다. 입원 중이라 직접 갈 수도 없는 상황이니, 직원에게 직접 가서 확인해 보라고 했다. 잠시 후 직원이 겁에 질린 목소리로 전화해 말했다.

"사장님……. 사무실이 다 비어 있어요. 밤새 도주한 것 같아요!"

순간 머리가 띵해졌다. 엄청나게 큰 금액은 아니지만 우리는 그 작은 돈으로도 충분히 흔들릴 수 있을 만큼 작은 규모의 회사였다. 고열로 누워 있는데도 몸보다 마음이 더 뜨겁게 타들어갔다. 불과 며칠 전에 원단을 대량으로 납품한 후였다. 그때 어떤 생각이 번개처럼 스쳤다. '설마 그 원단을 싣고 도망간 건 아닐까?' 곧바로 직원에게 전화해 말했다.

"근처 화물 트럭 회사들 다 뒤져서 요 며칠 사이에 원단을 실어 나른 곳이 있는지 알아봐요! 우리 원단을 싣고 도망간 걸지도 몰라."

직원은 하루 종일 뛰어다닌 끝에 끝내 단서를 발견했다. 부천에 있는 빈 상가로 엄청난 양의 원단을 실어 날랐다는 화물 기사를 찾은 것이다. 나는 기사님에게 장소만 알려주면 수고비는 넉넉하게 드리겠다고, 내 운명이 걸린 일이라고 애원했다. 기사님은 직원에게 자신이 원단을 나른 곳을 안내해 주기로 했다. 두근거리는 가슴을 부여잡고 병원에 앉아 있는데, 드디어 직원에게서 전화가 걸려 왔다.

"사장님, 원단이 산더미처럼 쌓여 있어요. 밖에서도 다 보여요!"

다행이다. 이제 살았다! 나는 듣자마자 유리창을 깨고 우리 원단을 싹 가지고 나오라고 말했다. 하지만 어린 직원은 겁이 나서 못하겠다고 울먹였다. 이제 더는 참을 수 없었다. 그대로 침대에서 일어나 링거를 뽑았다. 곧장 택시 승강장으로 가서 택시에 무작정 몸을 싣고 부천으로 가달라고 말했다. 피 한 방울도 나오지 않을 것처럼 얼굴이 하얗게 질린 나를 보며 기사님이 놀라서 물었다.

"손님, 어디 급하게 가시나 봐요?"

"네, 제 인생이 걸린 일이에요. 최대한 빨리 부천으로 가주세요."

내 안의 그릇은
견딘 시간과 흘린 눈물로 만들어진다

도착하니 상가 안쪽으로 확실히 보였다. 내 원단들, 도둑맞은 내 물건들이 산처럼 쌓여 있었다. 주변을 둘러보니 작은 소화기가 있었다. 망설일 틈도 없이 그걸 집어 힘껏 유리창에 내리쳤다.

쨍그랑!

깨진 유리 사이로 손을 넣어 문을 열고 들어갔다. 직원은 경찰이 오면 어쩌냐며 깜짝 놀라 안절부절못했지만 나는 당당했다.

"남의 물건 훔쳐간 건 저쪽이고, 우리는 주인이 내 물건 찾으러 온 거야. 그러니까 걱정하지 말고 당장 우리 물건 빼내."

그렇게 우리는 원단을 하나도 빠짐없이 모두 끄집어냈다. 나중에 도망 간 업체 측도 상황을 알았지만 차마 우리에게 아무 말도 하지 못했다. 도둑질한 쪽이 자기들인데, 뭐라고 말을 보태겠는가. 이 일로 나는 사업은 착하게만 해서도 안 되고, 감정으로만 해서도 안 되며 무엇보다도 내 것을 내가 지킬 힘을 길러야 한다는 걸 배울 수 있었다.

사업을 하다 보면 이런 '미친 사건들'이 드물지 않게 생긴다. 이런 이야기를 들려주면 사람들은 "그때 너무 억울했겠다, 정말 힘들었겠다"라고들 말한다. 맞다. 억울했고, 힘들었고, 분했다. 하지만 이상하게도 이런 생각지도 못했던 위기들을 넘기고 나면 나는 더 단단해졌다. 그러면서 점차 깨달을 수 있었다. 사업은 위기를 피하는 게 아니라 위기 속에서 길을 만드는 일이라는 걸.

살아보니 내 그릇은 책에서 배운 것, 누군가에게 들은 것으로는 키워지지 않는다. 돈으로도 키워지지 않는다. 위기를 맞이하고, 그걸 극복하고 한 뼘 더 성장하는 과정에서 견딘 시간과 흘린 눈물로 만들어지는 게 사업의 그릇이다. 내가 쌓은 경험으로 채워야 한다. 실패로 닦이고, 상처로 단단해지고, 용서로 깊어진다.

내가 지금껏 사업의 그릇을 단단하게 할 수 있었던 것도, 특별히 대단해서가 아니라 '버텨서'였다. 버티는 동안 나의 그릇은 조금씩 커졌고, 이제는 어떤 위기가 찾아와도 그릇 안에서 찰랑이기만 할 뿐 내 그릇을 완전히 깨지게 할 수는 없다. 그러니 계속 망설이지 말고 한 발만 내디뎌보자. 그 작은 행동이 내 길을 만들고, 그릇을 키워주는 첫걸음이 될 것이다.

내 취미는
명함 만들기

비즈니스 모델을 발견해 이제 정말 실행으로 옮기고 싶다면, 무엇부터 해야 할까? '명함 만들기'다. 뭐라도 해서 일단 발을 떼고 싶은 상황에 명함은 좋은 시발점이 되어준다. 나도 무엇이든 간에 새로운 일을 시작할 때면 가장 먼저 명함을 만들었다. 누군가는 브랜드의 로고를 만들고, 또 누군가는 사무실을 먼저 구하지만 내 '시작의 루틴'은 늘 명함 만들기였다. 명함만큼 한 걸음 떼기 쉬우면서도 효과적인 일이 없기 때문이다.

만약 사무실을 구한다고 하면 예산은 어느 정도인지, 어떤 지역에 구해야 유리한지, 그 안에 들어갈 집기는 또 어느 제품을 사야 할지 등 고민이 많아진다. 쉽게 시작하기 어려운 일들이다. 하지만 명함을 만드는 건 비교적 심플하다. 이 명함을 통해 나의 어떤 강점을 선보이고 싶을지를 결정하면 쉽게 만들 수 있다.

단, 명함을 단순히 이름과 전화번호를 알려주는 '정보 전달 수단'이라고 생각하면 곤란하다. 명함은 상대방에게 '나'라는 브랜드를 인식시키는 가장 빠른 수단이다. 환갑이 훌쩍 넘은 내가 사업을 한다고 하면 어떤 사람들은 '이 나이에 사업을 한다고? 무슨 일을 하는 거지?'라고 의아하게 생각하기도 한다. 하지만 내 명함을 건네는 순간 분위기가 달라진다.

"와, 명함이 너무 세련되었네요. 디자인이 너무 예뻐요. 직접 만드신 건가요?"

거의 빠짐없이 이런 반응이 돌아온다. 명함을 건네는 짧은 순간 나는 상대에게 '시니어 사업가'가 아닌 '트렌디한 여성 사업가'로 인식된다. 그게 명함 한 장이 가진 힘이다. 그래서 명함을 만들 때는 '예쁜 디자인' 그 이상의 것을 고민해야 한다.

예를 들어 지금의 나는 강연자이자 비즈니스 컨설턴트로서 사람을 만날 일이 많기에 '최신 감각'에 주안점을 두고 명함을 만들었다. 내가 언제나 앞서 있고, 감각이 살아 있으며 트렌디하다는 걸 보여주어야 하기 때문이다. 그런가 하면 인스타그래머 청담캔디언니를 소개하는 명함은 인스타그램을 떠올릴 수 있도록 정방형으로 만들고, 뒷면에는 내 인스타그램과 유튜브로 연결되는 QR코드를 삽입했다.

또 무역업을 할 때 쓰는 명함은 심플하되 뒷면은 메모지처럼 디자인했다. 미팅 중 메모를 해야 하는데 메모지가 없는 난감한 상황이라면, 이 명함을 사용하라는 배려를 담은 것이다. 무역업은 커뮤니케이션이 아주 중요한 업종이다. 상대방이 우리를 배려심 있고 믿을 수 없는 업체로 인식하도록 만들기 위해 떠올린 아이디어다.

요즘 자주 느끼는 것이, '명함 없는 사업가'가 많아졌다는 점이다. SNS 하나면 자신을 소개할 수 있으니 첫 만남에 SNS 계정 아이디를 알려주거나 SNS로 연결되는 QR코드만 건네는 경우가 많다. 어쩌면 요즘 세대에게는 명함을 건네는 것이 구식처럼 느껴질지도 모른다. 하지만 나는 무언가를 시작한다면 종이 명함을 만들기를 강력하게 권하고 있다. 손으로 건네는 종이 명함이 가진 온기와, 작은 종이 안에 담아낸 내 정체성과 의지의 힘은 여전히 변함없이 강력하기 때문이다.

나에게는 무역회사 대표, 비즈니스 컨설턴트, 강연자, 작가, 인스타그래머 '청담캔디언니'까지, 지금껏 내가 지나온 모든 시간의 흔적이 명함으로 남아 있다. 내 인생의 타임라인이자 '현재의 나'를 기록하는 또 하나의 일기인 셈이다.

돌이켜 보면 나에게 명함 만들기란 내 인생의 다음 챕터를 여는 일이었던 것 같다. 명함을 만드는 순간 그 일은 이미 '시작된 일'이 되기 때문이다. 즉, '이제부터 나는 이 일을 하겠다'는 선언문이다. 별것 아니어 보이는 그 작은 종이 한 장이 불안과 두려움으로 흔들리는 마음을 단단히 잡아주곤 했다.

그래서 나는 꼭 새로운 일을 시작할 때가 아니라도 종종 새 명함을 만들곤 한다. 내 마음이 다음 단계를 향하고 있기 때문이다. 새 명함은 나를 다시 일으켜 세운다. 새 명함을 받아 손에 쥘 때면 '나는 여전히 현역이다', '나는 아직 죽지 않았고, 앞으로도 멈추지 않을 것이다'라는 의식이 활활 불타오른다.

마음을 다시 한번 가다듬고 의식을 세우고 싶다면, 새 명함을 만들어보는 건 어떨까? 그저 예쁜 명함을 새로 만드는 데서 그치는 게 아니라, 그 작은 종이에 어떤 이야기를 담을지, 상대방에게 어떤 인상을 줄지 디테일을 고민해서 새롭게 만들어보는 것이다. 누군가는 나를 그 명함 한 장으로 평생 기억할지도 모른다. '이 한 장으로 오늘의 나를 증명하겠다'는 마음으로 명함을 만들어보자. 명함에 담긴 이야기야말로 내가 세상과 만나는 첫 문장이다. 명함은 나의 현재를 담은 가장 작은 브랜드북이다. 자, 한번 답해보자. 당신의 명함에는 무엇을 새기고 싶은가?

인생은 저지르는 자의 것이다.

한서경

행동이 실력이다

초판 1쇄 인쇄 2026년 3월 20일
초판 1쇄 발행 2026년 3월 31일

지은이 함서경
펴낸이 김선식

부사장 김은영
콘텐츠사업본부장 임보윤
기획편집 문주연 **디자인** 윤유정 **책임마케터** 지석배
콘텐츠사업1팀장 한다혜 **콘텐츠사업1팀** 윤유정, 문주연, 조은서, 여소연
마케팅사업1팀 이고은, 지석배, 최민경, 김은지 **홍보1팀** 김민정, 홍수경, 변승주
브랜드사업본부장 정명찬
브랜드홍보팀 오수미, 서가을, 박장미, 박주현
영상홍보팀 이수인, 염아라, 이지연, 노경은
저작권팀 성민경 **편집관리팀** 조세현, 김호주, 백설희
재무관리팀 하미선, 임혜정, 이슬기, 김주영, 오지수
인사총무팀 강미숙, 김재경, 김혜진, 김주림, 황종원
제작관리팀 이소현, 김소영, 유미애, 이지우, 이승협
물류관리팀 김형기, 김선진, 주정훈, 양문현, 채원석, 박재연, 이준희, 최대식
외부스태프 인터뷰·정리 권유정

펴낸곳 다산북스 **출판등록** 2005년 12월 23일 제313-2005-00277호
주소 경기도 파주시 회동길 490
전화 02-704-1724 **팩스** 02-703-2219 **이메일** dasanbooks@dasanbooks.com
홈페이지 www.dasan.group **블로그** blog.naver.com/dasan_books
종이 스마일몬스터 **인쇄** 민언프린텍 **제본** 다온바인텍 **코팅·후가공** 제이오엘앤피

ISBN 979-11-306-7701-9(03320)

다산북스(DASANBOOKS)는 책에 관한 독자 여러분의 아이디어와 원고를 기쁜 마음으로 기다리고 있습니다.
출간을 원하는 분은 다산북스 홈페이지 '원고 투고' 항목에 출간 기획서와 원고 샘플 등을 보내주세요.
머뭇거리지 말고 문을 두드리세요.